공감과 상호존중의 PDC 중등교실

학급긍정훈육법

학급긍정훈육 실천 시리즈 04

공감과 상호존중의 PDC 중등교실

학급긍정훈육법

고영애 · 김성옥 · 김순희 · 문용우 · 신영인
윤민경 · 윤은희 · 이영선 · 이은정 · 이은출
이화영 · 정주화 · 진은경 · 최영희 지음

중등
실천편

더블북

학급긍정훈육 중등 교육 전문가들의 10년 실천의 결실

김상인(K-EDU교원연합 위원장)

인공 지능(AI) 시대를 맞이하여 이제 학교 현장은 '훈육, 성품 교육, 인성교육'에 집중해야 합니다. 이 책은 훈육이라는 전통적인 개념을 이해하기 쉬운 주제와 글로 잘 풀어냈습니다. 지난 10년에 걸쳐 학급긍정훈육을 실천한 교사들이, 질문하고 생각할 수 있는 대화식으로 글을 전개한 부분들에서 우리 교실 현장을 생생하게 느낄 수 있습니다. 또한 교사들의 한마디 한마디에서 학생을 이해하는 마음이 고스란히 느껴집니다.

그동안 훈육은, 일방적 교육 방식으로 행해지는 경향이 있었습니다. 이 책에는 교사가 일방적으로 주입하는 훈육이 아니라, 학생이 훈육 과정을 함께하면서 학생 스스로 질문하고 생각하게 하는 '실천적 훈육'의 모범이 담겨 있습니다. 학교 현장과 가정에서 실질적인 훈육을 원하는 교사와 학부모에게 도움이 될 것이라는 마음에 적극 추천합니다.

학생과 교사를 성장으로 이끄는 실천적 가이드북

이명섭(『교육과정-수업-평가-기록 일체화』 저자,
(전)경기도 중등 수석 교사, 인하대학교 교육대학원 강사)

교직의 마지막 두 해 시기에 '온 몸으로 수업을 거부하는 아이들'을 만났습니다. 저도 아이들도 다투다가 지쳐 가고 있을 때, '학급긍정훈육법'을 만났습니다. 나와 마주한 아이들이 누구인지, 무엇을 아파하는지를 이해하는 법을 배웠습니다. '알아차림'과 '수용' 그리고 '행동'이라는 세 가지 원칙을 사용하여 학생들의 자아 인식과 긍정적 행동을 이끌어내는 방법을 배웠습니다. 그리고 우리 모두는 그 과정을 통해 '스스로 살기'와 '더불어 살기'를 경험하고 성찰해 볼 수 있었습니다. 그런 의미에서 이 책은 이론서가 아닌, 실천적 가이드북으로써 읽는 이들에게 소중한 경험을 안겨 주리라 믿습니다.

아이들의 사회적·정서적 발달에 밑거름이 되기를 기대하며
이상용((전)경기도교육연수원 장학사, 운천고등학교 교장)

교실에서는 다양한 갈등 상황들이 발생합니다. 학생들 간의 문화적 차이, 성적 경쟁, 교사와의 관계 등 원인은 아주 다양합니다. 학급긍정훈육(PDC)은 이러한 교육 현장에서 지도에 어려움을 겪는 교사들에게 매우 효과적인 접근법을 제안합니다. 학급긍정훈육을 실천해 봄으로써 자기 조절 능력 향상, 책임감 증진, 상호 존중, 문제 해결 능력 강화, 긍정적인 학급 분위기 조성이라는 효과를 기대할 수 있습니다.

이 책은 교실 현장에서 학급긍정훈육을 실천한 교사들이 그동안의 경험을 담아낸 실천서입니다. 학급긍정훈육을 처음으로 실천해 보고자 하는 교사들에게 많은 도움을 줄 것입니다. 많은 교사와 학부모가 이 책을 읽고 긍정훈육을 실천함으로써 학생들의 사회적·정서적 발달을 돕고, 더 나은 교육 환경을 제공하는 밑거름이 되기를 바랍니다.

우리 교실 상황에 맞는 한국판 학급긍정훈육 실천편

김성환(PDC, PD 트레이너, EC 리드 트레이너,
(사)한국긍정훈육협회 이사장)

학급긍정훈육법은 2013년에 우리나라에 처음 소개되었습니다. 친절하며 단호한 교사, 상호 존중에 기반한 학급, 책임, 존중, 능력이 있는 학생을 지향하는 학급긍정훈육법 시리즈는 15만 권 이상이 팔리며 많은 선생님들에게 도움을 주었습니다. 하지만 모두 번역한 책이어서 우리나라 풍토에 맞는 실제적인 이야기와 사례, 방법이 없는 것이 아쉬웠습니다. 그래서 추천사 부탁을 받고 설레는 마음으로 책을 읽었습니다.

책을 집필한 선생님들은 2014년부터 모임을 만들어 학급긍정훈육법 관련 공부를 해 오셨습니다. 그렇게 쌓인 10년 실천의 결실이 이 책에 오롯이 담겼습니다. 그 실천의 결과는 구체적이면서도 깊이가 있습니다. 지나치게 추상적인 철학책도 아니고 지나치게 지엽적인 방법론도 아닙니다. 아들러 심리학, 학급긍정훈육법, 격려 상담 내용을 바탕으로 중고등학생에게 긍정적인 영향을 미치는 효과적이고 구체적인 방법들이 담겨 있습니다. 학생들과 함께해 볼 활동, 직접 실천해 본 사례에서는 '이거구나!' 하고 무릎도 쳤습니다. 4부 교사를 위한 격려와 응원의 메시지는 이토록 지혜롭고 따뜻할 수가 없습니다.

내 삶은, 그리고 학생들의 삶은 이미 결정된 것이라는 관점이 아닌 '지금 이 순간 나의 삶을 내가 선택한다'는 자기 결정에 기반한 용기의 심리학에 동의하는 중등교사라면, 꼭 읽어야 할 필독서입니다.

중등교육, 학급긍정훈육으로
리모델링해 보실래요!

사춘기를 겪으며 지내는 중고등학생 시절은 인생을 리모델링하는 기간이다. 자신이 어떤 존재로 살아야 하는지를 탐색하고, 자신의 결정을 시도하고, 경험을 거듭하면서 그것을 인생의 신념으로 무장하는 시기이다. 아이들은 이 시기에 학업에 힘써 진학을 결정해야 하며, 사회의 일원이 되었을 때 필요한 기술들도 보고 배우며 익혀야 한다. 그래서 성공의 경험도 필요하고, 실수로부터 회복하면서 배우고 성장해야 한다. 또한 풍부한 감정적 변화와 분화를 통해서 타인과 소통하고 해결하는 법도 배워야 한다. 그 어느 생애 주기보다도 다양한 사회적 기술을 익혀야 할 역동적 시기인 것이다. 학급긍정훈육법은 우리 아이들이 사회의 건강한 일원으로 살아갈 수 있도록 돕는 훈육 방법을 제시한다. 또한 공동체 안에서 상호 존중하고 협력하며 사는 데 필요한 자양분인 사회적 기술들을 구체적으로 경험하도록 안내한다.

교실에서 일어나는 크고 작은 사안들을 상호 존중하는 방식으로 지도하여 서로가 존중받았다는 생각이 드는 방법이 있다면?

아이들이 자신이 누리는 특권을 자신이 스스로 책임지지 않으면 누릴 수 없음을 경험하도록 교육하는 방법이 있다면?

민주 시민으로서 필요한 역량들을 교실 속에서 다양하게 배울 수 있다면?

교사와 부모는 격려하고 용기를 부여하는 것만으로도 아이들이 스스로 성장하고 배움이 일어나는 방법이 있다면?

그 방법에 대한 해답들을 우리 저자들은 만나고, 실천하고, 지금도 배우고 있다. 그러기에 이 책을 읽는 모든 이들을 '학급긍정훈육법'(Positive Discipline in the Classroom, PDC)으로 초대하고 싶다.

1부에는 아이들 교육에 필요한 긍정훈육의 관점과 철학들을 녹였다. 서로 연결되는 소속감과 스스로를 소중하게 여기는 자존감을 지키는 훈육의 필요성을 다양한 소재로 구성하였다. 나무에 뿌리가 많고 깊어야 비바람에도 꺾이지 않듯, 훈육의 주체자에게 꼭 필요한 철학들을 깊이 있게 소개하였다.

2부에는 학교생활 속에서 발생하는 다양한 갈등들을 학급긍정훈육의 기술들을 사용하여 해결한 중등만의 사례이자 비법 같은 경험을 담았다. 하나의 갈등 문제에 여러 도구와 기술을 사용해 해결책을 찾았는데, 그 예를 구체적으로 기록해 실제로 적용하기가 매우 쉽다. 상호 존중이라는 기초 토대 안에서 문제를 해결해 나가는 '찐' 사례들의 모음이다.

3부에서는 학교 일상에서 아이들이 학급 친구들과 잘 어울리며 서로 존중하고 협력하는 공동체를 만들어 갈 수 있는 예방적인 삶의 기술을 제시하였다. 소개한 여러 프로그램을 실습해 보고 일상에서 실천한다면 우리 교실은 민주적인 교실로 거듭날 수 있다. 특히 중등 교과 수업 내용과 연결하여 실천하도록 안내한 활동 자료가 백미이다.

4부는 교사들을 위해 마련했다. 학생과 동료 교사, 학부모와의 사이에서 발생한 문제를 해결하는 과정에서 힘겨웠을 교사의 감정을 읽어 주고 싶었다. 교사를 격려하고, 상처받은 교사의 자존감을 회복할 수 있는 우리(저자들)만의 꿀팁들도 살짝 공개했다. 낙담한 교사가 용기를 회복하여 자기 삶과 학교생활을 행복하게 영위할 수 있기를 응원한다!

지난 10년 동안 학급긍정훈육을 대한민국 중등교실에 적용하면서 성공도 실패도 경험했다. 하지만 울며 힘들어한 날보다는 '학급긍정훈육을 공부하기를 정말 잘했어'라고 여기는 날이 더 많았다. 그렇게 내면이 건강해지고 나니 아이들을 만나는 일이 그전보다 덜 버거웠기에 감히 배우고 성장했다고 여기며 기록을 남겼다.

어른들에게 고민을 안겨 주는 아이들은 실은 결핍이 많은 아이들이다. 그 아이들에게 자신의 부족한 점이 무엇인지 알려 주고, 그것을 채우도록 노력할 기회를 제공해야 한다. 그 과정을 통해서 아이들은 다양한 경험을 할 것이고 좀 더 성장할 것이다. 그런 길잡이를 위해서 어른도 배우고 실천하며 서로 나누어야 한다.

해결되지 않는 문제들이 있거나 아이들의 깊은 성장을 돕고 싶은 모든 분들에게 이 책이 새로운 방식으로 아이들을 만나는 기회가 되었으면 좋겠다. 아들러의 제자 루돌프 드라이커스는 이렇게 말했다. "멍이 든 무릎은 치유가 되지만 멍이 든 용기는 평생 지속될 수 있다."

교사와 부모의 사랑하는 마음이나 의도와는 다르게 적용되는 훈육이 아이들에게 멍이 되지 않도록 든든한 길잡이가 되기를 바란다.

저자 일동

차례

추천사   004

여는글   007

1부   긍정훈육의 관점과 원칙들

1장 | 아이들이 변할 수 있을까?   016

2장 | 나는 의미 있고, 연결되고 싶어요   024

3장 | 친절하면 힘들고, 단호하면 쉽다?   029

4장 | 갈등아 와라! 함께 해결해 보자   033

5장 | 문제 행동에 숨겨진 메시지들   044

2부 실천편_문제 상황에서의 훈육

1장 | 감격해 카드로 문제 해결하기   058

2장 | 행동 아래 감춰진 신념을 찾아라   070

3장 | 엉킨 감정의 실타래를 풀어 주는 의사소통 기술   076

4장 | 더 큰 문제를 예방하기 위해 '확인하기'   085

5장 | 왜 침묵을 선택했을까?   096

6장 | 선생님을 조종하려는 아이   105

3부 예방편_일상적 훈육

1장 | 이런 친구가 되고 싶어요!   120

2장 | 공감 능력! 키울 수 있을까?   129

3장 | 서로 존중하는 의사소통의 마법   136

4장 | 교사와 학생이 함께 웃는 일과 만들기   145

5장 | 실수를 딛고 성장으로 한 걸음   152

6장 | 내가 먼저 솔선수범하는 마중물 되기   163

7장 | 다름을 존중해요!   171

8장 | 모두가 동의한 규칙일 때 행복해요   182

9장 | 마음을 키우는 감정 조절   190

10장 | 흔들리며 꽃피우는 학급회의   200

11장 | Don't 대신 Do, 긍정 표현 사용하기   211

4부 교사 자존감 회복

1장 | 상처받지 않고 학생과 관계 유지하기　　　　　　　218

2장 | 격려 통장으로 변화된 어느 교사의 일기　　　　　　230

3장 | 과제 분리로 동기 수정하기　　　　　　　　　　　235

4장 | "마음아, 괜찮니?"　　　　　　　　　　　　　　243

5장 | 동료 교사와 지혜롭게 관계 맺기　　　　　　　　　250

6장 | 상처받지 않고 학부모와 연결되기　　　　　　　　261

7장 | 교사·학생·학부모 연결, 쉬운 것부터 실천하기　　　273

일러두기

1. 일화에 나오는 모든 학생 이름은 가명입니다.
2. 동일한 훈육 기술이라 하더라도 상황에 따라 반복 제시되어 있습니다

1부

긍정훈육의
관점과 원칙들

1장 아이들이 변할 수 있을까?

2장 나는 의미 있고, 연결되고 싶어요

3장 친절하면 힘들고, 단호하면 쉽다?

4장 갈등아 와라! 함께 해결해 보자

5장 문제 행동에 숨겨진 메시지들

1장

아이들이 변할 수 있을까?

새로운 학기가 시작하는 3월, 새 교실에 들어가야 하는 나는 불안하다. 저경력 교사이지만 나름대로 학급 운영의 기틀을 잡았다고 생각했는데, 해를 거듭할수록 다루기 힘든 행동을 보이는 학생들이 많아진다. 학기 초, 학급 규칙을 세우고 기강을 잡기 위해 학생들의 거친 행동을 엄하게 제지하고 야단을 친다. 하지만 야단치는 그 순간만 잠시 멈출 뿐 다루기 힘든 행동들은 반복된다. 학생들은 바뀔 수 있을까? 그 학생들의 거친 행동들은 어떻게 만들어졌을까? 어떻게 하면 행동을 바꿀 수 있을까?

알프레드 아들러는 한 사람의 성격은 타고나는 것[nature], 양육되어지는 것[nuture], 사적인 논리 [Private logic] 이렇게 세 가지로 이뤄진다고 보았다. 이 관점으로 학생들을 보면 바뀔 수 없거나 바뀌기 힘든 부분이 분명히 있다. 바로 유전적으로 타고나는 것과 양육 과정, 특히 초기 양육 과정에서 형성된 것들이다.

　　그렇다면 교사는 바뀔 수 있는 부분에 집중하는 것이 맞는데, 사적인 논리가 바로 그 영역이다. 비슷비슷한 경험을 거듭하는 사이, 전에 들었던 생각과 감정이 반복되다 보면 이것이 곧 '신념'으로 굳어진다. 이 신념이 행동으로 연결되고, 행동이 반복되면 몸에 익어 개인의 행동 유형으로 자리 잡는다. 이때 교사는 학생들이 사적인 논리를 재구성하도록 돕는 것이다.

　　일반적으로 행동은 아래와 같은 순환 과정을 통해 만들어지고 체화된다.

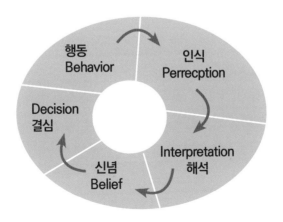

외부에서 자극(행동)이 오면 먼저 자극을 인식하고, 다음으로 기존에 형성된 신념과 사고를 사용하여 자극을 해석한다. 비슷한 자극을 반복해서 경험하다 보면 해석도 점차 유사해지고, 다음 단계에서 이 반복된 해석은 신념으로 자리 잡는다. 그렇게 자리 잡은 신념은 아주 짧은 순간에 결심을 유발하고, 그 결심은 '성급하게 행동'으로 나타난다.

이 행동의 순환을 바꾸어야 무의식적으로 나오는 부정적인 행동을 스스로 의식해서 만드는 긍정적인 행동으로 변화시킬 수 있다. 이 변화를 위해 긍정훈육에서는 '세 가지 A'를 제안한다.

첫 번째 A	두 번째 A	세 번째 A
알아차림Awareness	수용Acceptance	행동Action

첫 번째, '알아차림'은 자신의 생각, 느낌, 행동을 객관적으로 보는 연습이다. '나는 기분이 좋아'라고 표현하기보다는 '나는 좋은 기분이 느껴져'라고 표현해 본다. '나는 배고파'보다는 '나는 배고픔을 느껴'라고 표현한다. 이런 연습을 통해 나의 생각과 감정, 행동을 천천히 살펴보고 선택할 수 있는 여지를 만드는 것이 변화의 첫 걸음이다.

두 번째, '수용'은 학생 행동을 바라보는 교사의 관점 바꾸기이다. 학생들이 거친 행동을 하면 어른들은 야단을 치며 앞으로 조심하라고 꾸짖는다. 이때 학생은 자신의 행동이 부정적이라는 관점을 형성하게 되는데, 이 과정에서 자신의 정체성까지 부정적으로 정립이 되고 만다. 여기서부터 잘 생각해야 한다. 이런 상황에서 교사는 학생의 거친 행동을 부정적으로 보기보다는 '그럴 수 있다'라고 받아들여야 한다. 학생의 행동을 수용하는 시선으로 바라볼 때 어떤 이유로 그런 행동을 했는지 그 행동의 이면을 더 잘 들여다볼 수 있기 때문이다.

세 번째, '행동'은 무의식에서가 아니라 의식적 선택에서 나온 행동을 말한다. 의식적 행동을 하려면 자신의 감정 상태를 알아차린 후 격한 감정이 가라앉을 때까지 기다려야 한다. 심호흡을 깊게 세 번 정도 하거나, 물을 마시거나, 잠시 창밖을 내다보거나 하면 감정에서 의식으로 옮겨 오는 데 도움이 된다. 이런 행동들을 하기로 학생 스스로 선택하고 실행하면서 학생의 자존감은 높아진다.

'세 가지 A' 실습해 보기

'알아차림' 이전에 알아차리겠다는 의도가 있고, 이 의도를 실행하기 전에 '멈춤'이 있다. 무의식적인 행동을 멈추는 상황을 만들어 (예를 들어 가볍게 종을 울리거나 수신호 보내기) 연습해 보고 '알아차림' 과정으로 넘어가면 좋다.

실습 1 아래 '알아차림' 과정을 해 보고 어떤 생각과 느낌이 드는지 학생들과 나눠 본다.

행동을 멈추고 허리를 곧게 펴고 앉습니다. 지금부터 내 몸이 어떤 감각을 느끼는지, 또 어떤 생각과 감정이 떠오르는지 살펴볼 거예요. 외부에서 받는 자극을 줄여야 합니다. 자, 눈을 감아 봅니다. 천천히 코끝으로 들어오는 공기의 흐름을 느껴 보세요. 각자 편한 대로 숨을 들이마시고 내쉽니다. (30초 정도 유지)

이제 몸으로 느껴지는 감각을 살핍니다. 발은 어디에 있는지, 주먹은 쥐었는지 폈는지, 불편하거나 긴장이 느껴지는 몸의 부분이 있다면 살짝 힘을 주었다가 힘을 뺀 후 코끝에 집중해 봅시다. 다리가 흔들리고 있다면 '다리가 흔들리네' 알아차리고 다시 코끝에 집중합니다. (30초 정도 유지)

머리에서 떠오르는 생각 혹은 감정과 기분이 있다면 '생각이 떠오르는구나', '감정이 느껴지네'라고 알아차리고 얼른 다시 코끝에 집중하여 공기 흐름을 느껴 봅니다. (30초 정도 유지)

심호흡을 세 번 하고 천천히 눈을 뜹니다.

생각이 떠오를 때마다 친절하게 맞이한다. '이 생각이 어디에서 왔을까?' 하고 호기심을 갖는 것도 좋다. 이때 중요한 것은 밀려오는 생각에 빠지지 않고 얼른 다시 코끝에 집중하는 것이다. 의도를 가지고 선택하는 행위는, 나를 조절하는 연습이다. '나 조절하기'는 긍정훈육의 근간인 자립을 위한 기반이다. 나의 생각, 감정, 행동에 무의식적으로 끌려가는 것이 아니라 나의 상태를 알아차린 후 자신의 의도대로 선택하는 것이 바로

'나 조절하기'다. 알아차려야 비로소 나를 조절할 수 있다.

교사는 이 활동 후 학생들이 '내가 해냈구나'라는 생각이 들게끔 학생들을 격려한다. 격려를 받은 학생은 성취감을 느끼고 나아가 자존감도 높아진다.

 지금 상태가 어떤지 알아차리는 과정을 경험하고, 어떤 생각과 느낌이 드는지 함께 나눈다.

> 눈을 가볍게 감아 봅니다. 이번에는 주변을 알아차려 봅니다.
> 1. 교실 온도는 어떤가요? 더운가요? 추운가요? 따뜻한가요?
> 2. 우리 반에는 어떤 색깔 옷이 가장 많을까요?
> 3. 지금 어떤 소리들이 들려오나요?
> 4. 우리 반에서 표정이 밝았던 친구는 누구이고, 어두웠던 친구는 누구일까요?
> 이제 눈을 뜨고 주위를 둘러보고 확인합니다.

위 연습은 환경과 자극을 알아차리는 과정이다. 사람은 누구나 외부 환경과 자극에 영향을 받는다. 환경과 자극을 선택할 수도 있지만, 선택의 여지가 없는 경우가 많다. 특히 어릴수록 선택의 여지는 적다. 아이는 생존해야 하기에 자극에 반응하고, 이 반응을 반복하는 과정에서 체화된다. 이 원리를 긍정적인 행동을 만드는 데 적용할 수 있다.

청소년은 급격한 성 호르몬 증가로 여러 면에서 급변하기 때문에 무의식적으로 반응하는 경우가 더욱 빈번하다. 그래서 무

의식적인 반응을 의식적인 반응으로 전환하는 '선택'을 연습해
야 한다.

실습 3 '선택' 연습하기

> 학생들은 자리에서 일어나 다음 단계를 따라한다. (대형을 원으로
> 만들어 해도 되고, 분단 사이에 있는 공간에서 해도 된다)
> 교사가 말하면 그대로 따라한다. (교사가 "점프 인!" 하면 학생은 "점
> 프 인!" 외치고 앞쪽으로 살짝 뜀)
> 교사가 말하면 말은 그대로, 행동은 반대로 한다. (교사가 "점프 아
> 웃!" 하면 학생은 "점프 아웃!" 외친 후 뒤가 아니라 앞으로 뜀)
> 교사가 말하면 말은 반대로, 행동은 그대로 한다. (교사가 "점프 롸
> 이트!" 하면 학생은 "점프 레프트!" 외치고 오른쪽으로 뜀)

3단계 실습까지 마치고 학생들에게 어려웠던 단계가 어디인
지 물으면, 3단계가 가장 많고, 그 다음은 2단계다. 3단계가 가
장 어려운 이유는 외부 자극에 반대로 반응하고, 이어서 자신이
선택한 것에 반대로 행동하는 일이 불편하기 때문이다.

어떻게 하면 3단계와 2단계를 편하고 즐겁게 할 수 있을까?
첫 번째, 반응과 행동 사이에 시간을 둔다. 시간이 길어질수록
선택이 쉽다. 두 번째, 이 과정을 게임처럼 즐긴다. 처음에는 2,
3단계가 어렵지만 연습하면 할수록 숙달된다. 숙달되면 재미가
느껴지고 단계가 높아지면 도전 의식도 생긴다. 세 번째로 혼자

가 아니라 함께 연습하고 함께 성취한다는 느낌이 오면 이 연습이 더 흥미로워진다. 이를 위해 교사는 적절하게 연습 사이사이에 격려하고, 잘해 나가고 있다는 표현을 한다.

　사람은 환경에 적응하면서 살아간다. 살기 위해 적응이라는 변화 과정을 거쳐야 한다. 학생도 학급에서 이와 같은 변화 과정을 거친다. 교사는 학생들이 긍정적인 변화를 경험하도록 적절한 환경을 조성해야 한다. 이때, 긍정훈육 교실을 만들기 위한 필수 기술이 아주 효과적이다. 긍정훈육의 필수 기술은 1. 학급 일과, 2. 의미 있는 역할, 3. 자기 조절, 4. 의사 소통 기술, 5. 상호 존중하기, 6. 동의와 가이드라인, 7. 협력적인 학급 세우기, 8. 실수와 실수로부터 회복하기, 9. 격려하기, 10, 다름 존중하기, 11. 학급회의 임하기 등이다. 이 필수 기술들은 현장에서 실천하고 통찰한 내용을 담아 이 책 2부와 3부에서 다루고 있으니 꼼꼼하게 읽고 많은 도움을 받기를 바란다.

2장

나는 의미 있고,
연결되고 싶어요

올해로 2년 차에 접어든 저경력 교사입니다. 아직 부족한 점이 많지만, 학생들을 잘 지도하고 싶어서 여러 가지 방법을 찾아보고 있어요. 최근에 아들러 심리학을 기반으로 한 긍정훈육을 알게 되었는데, 이것을 배워 학급 운영을 하면 좋겠다는 생각이 들었습니다. 아들러 심리학의 원리와 이를 학급 운영에 어떻게 적용할 수 있을지 알고 싶습니다.

교직 첫 해에 학급을 맡으면 우선은 근무하는 학교의 시스템을 따른다. 선배, 동료 교사에게서 도움도 받는다. 그런데 이렇게 하다 보면 자신만이 추구하는 교육철학과 관점을 정립할 수 없고, 결국 얼마 안 있어 고민하는 시간이 찾아온다. 이럴 때 아들러 심리학이 큰 힘이 된다.

아들러는 모든 사람은 소속감을 느끼고, 자신의 가치를 인정받고자 한다고 봤다. 학생들은 학급이라는 작은 사회 안에서 소속감을 느끼고, 자신이 의미 있는 존재임을 깨달을 때 진정으로 성장할 수 있다. 그러므로 교사는 학생들이 학급의 중요한 구성원이라는 느낌을 가질 수 있도록 지도해야 한다.

예를 들어, 아침 조회 시간에 짧게라도 학생들에게 자신의 생각이나 감정을 표현할 기회를 주고 모두가 경청하는 연습을 하자. 이때 발표한 학생은 스스로 의미 있다 느끼고, 학급 친구들과 연결된 느낌을 받는다. 혹은 학생들에게 학급 운영에 기여할 수 있도록 스스로 역할을 선택하게끔 돕는 것도 좋다. 작은 역할이라도 스스로 맡아서 할 때, 학생들은 자신이 중요한 역할을 하고 있다고 느낀다. 학생 자신이 학급에서 '나는 의미 있는 존재야'라고 느끼는 순간이 자존감을 북돋우는 출발점이 된다.

학생 스스로 의미 있다고 느끼면 자신을 소중하게 여기게 된다. 아들러는 학생들의 자존감과 자기 효능감 강화를 매우 중요시한다. 이를 위해서는 교사가 학생이 얼마나 노력했는지 알아 주어야 한다. 결과에 대해서는 경우에 따라 칭찬하거나 또는 격려해야 한다. 여기서 칭찬과 격려는 비슷한 듯하지만 매우 다르다.

다음 예문 가운데 어느 쪽이 칭찬이고 어느 쪽이 격려일까?

점수 잘 나왔네. 선물해 줘야겠는걸!	**네가 최선을 다하는 것을 봤단다.**
네가 자랑스러워.	**스스로 자랑스럽겠다.**
내 의견을 따라 줘서 기뻐.	**네 생각은 어때?**
네가 한 방식이 마음에 드는구나!	**네 힘으로 방법을 찾아냈네.**
좋아. 그게 바로 바라던 바야.	**너는 실수하면서 배워 나갈 거라 믿어.**
너는 참 착한 학생이야!	**너를 있는 그대로 사랑해.**

한눈에 알 수 있듯 왼쪽이 칭찬이고, 오른쪽이 격려이다. 교사들에게 "어느 쪽 표현을 더 자주 사용하세요?"라고 물어보면 대부분 왼쪽 표현(칭찬)이라고 한다. '우리가 성장하며 뭔가를 잘했을 때 많이 들은 표현들이라서' 그런 말을 자주 사용한다는 것이다. 맞다. 칭찬 표현에 익숙하다 보니 격려 표현이 쉽게 나오지 않는다. 심지어 격려 표현이 어색하게 느껴지기도 한다. 그래도 격려 표현들 가운데 입에 잘 붙는 표현이 있다. 그중 한두 개 표현을 골라 의식적으로 자주 사용해 보자. 그리고 하나, 둘 격려 표현들을 늘려 가면 어느새 자연스럽게 격려 표현이 익숙해진다.

위 왼쪽과 오른쪽의 표현에서 공통점과 다른 점을 생각해 보고 정리해 본다.

 동료 교사와 함께 위 표현들을 마음을 담아 직접 말하고 들은 다음 어떤 생각과 느낌이 드는지, 그 말을 듣고 어떤 행동을 결심하게 되는지 나눠 본다.

고래도 춤추는 칭찬보다 더 좋은 격려

교사에게서 칭찬을 자주 들은 학생들은 어떻게 될까? 우선 순기능부터 보자. 교사는 학생이 올바른 행동을 하면 자연스럽게 칭찬을 한다. 이러한 칭찬으로 그 학생은 앞으로 자신의 행동을 더 바르게 하려고 노력한다. 하지만 칭찬에는 역기능도 있다. 어떤 학생은 칭찬받는 행동을 선택하려 하고, 선택의 결과가 교사를 만족시키지 못할 것 같으면 그 결과를 감춘다. 칭찬이 남기는 안타까운 부작용인데, 바로 칭찬에 익숙한 학생들은 그저 '남의 눈치를 보는 학생'이 될 수 있다는 점이다. 그래서 교사는 칭찬보다 격려를 많이 해야 한다.

'나는 의미 있다'는 생각은, 생각이면서 동시에 온 몸과 마음으로 느끼는 감각이다. 여기서 더 나아가 스스로 '의미 있게 존재한다'는 느낌에 자신감이 생기면 곧 자존감이 자리 잡는 것이다. 유년기에 부모님의 관심을 많이 받고, 인정받으면서 자라면 자존감이 싹튼다. 이렇게 싹튼 자존감은 부모와 연결되었다는 믿음으로 이어지고, 가정에 소속되었음을 확신하게 된다. 타인으로부터의 적절한 인정이 필요한 이유이다.

칭찬은 탁월함과 멋진 결과물에 대한 반응이고, 인정받았다는 느낌을 주는 방식이다. 격려도 인정받음인데, 칭찬과 다른 점은 행위의 주체가 학생 스스로임을 일깨워 준다는 것이다. 그래서 타인에게서 인정받지 못한다 해도 꾸준히 자신의 길을 스스로 걸어가게 된다. 이 길을 꾸준히 걷노라면 타인의 인정이 자연스럽게 일어나기 때문에 이 길에서는 타인의 인정은 그리 관심 대상도 아니다. 더불어 인정을 보내주는 타인을 자신의 길을 함께 가는 소중한 존재들로 느끼게 된다. 이것이 연결이고 소속감이며, 긍정훈육의 중요한 원칙 가운데 하나가 바로 학생들이 자존감과 소속감을 느끼도록 돕는 것이다.

3장

친절하면 힘들고, 단호하면 쉽다?

"선생님 반은 수업하기가 힘드네요. 애들 좀 잘 통제해 주세요."
어제 선배 교사에게서 이 말을 듣고 마음이 너무 안 좋았다. 교직
5년차에 접어들어 학급 운영을 괜찮게 한다고 생각했다. 게다가 올
해 학생들은 하는 행동도 예쁘고 내 수업 때도 잘 따라와 줬는데 다
른 수업에서는 태도가 안 좋은가 보다. 그래도 마음을 추스르고 아침
조회를 하러 웃는 얼굴로 교실로 들어섰다.

"얘들아 안녕!"
내가 인사를 하는데 몇 명만 나를 쳐다보고, 대부분은 들은 척도 하
지 않았다. 평소라면 지나쳤겠지만 갑자기 내가 통제를 잘못한다는
생각이 들었다. 친절하게 잘 대해 주고 싶은 마음이 사라졌다.

"주목!"
목소리를 키워 외치니 반 정도는 쳐다보지만 나머지는 여전히 딴짓
이다. 교탁을 '쿵' 내리치며 더 크게 "주목!" 하니 그제야 마지못해 대
부분 나를 본다. 역시 학생들은 엄하게 해야 말을 듣나 보다.

긍정훈육은 친절하고 단호하다

긍정훈육은 친절할 때 친절하고, 단호할 때 단호한 것이 아니라 친절과 단호함이 한 상황에 동시에 있다. 교사가 학생들을 친절하게 대하면 일부 학생들은 '이 선생님은 착하고 허용적이야'라고 오해한다. 이렇게 오해한 학생들은 어떤 행동을 해도 괜찮을 것이라 판단하여 교사의 말을 듣지 않는다. 이런 경험을 한 교사는 처음부터 단호하게 행동하는 것이 효과적이라는 결론을 내린다. 그런데 단호한 말과 행동을 많이 할수록 교사의 에너지는 금세 바닥이 난다. 더불어 아이들의 행동은 경직되고, 때로는 무반응 상태에까지 이른다. 학생들의 긴장감이 너무 높을 때 나타나는 반응인데, 이럴 때는 학생들을 풀어 주어야 한다. 친절하고 단호한 긍정훈육이 필요해지는 순간이다.

긍정훈육은 관점이고 연습이다

긍정훈육은 학생들을 통제하려고 쓰는 도구가 아니다. 긍정훈육은 관점이고 연습이다. 주위 사람들을 불편하게 하는 행동을 그저 보아 넘기는 것은 긍정이 아니다. 좋지 않은 행동 이면에는 감추어진 의도가 있는데, 이 의도를 수용하는 것이 긍정이다. 더불어 훈육은, 지도와 선도라는 측면도 있지만 경험을 통해 지속적으로 배우고 연습한다는 실천적 의미이다.

학생들이 평소 교실에서 친절하고 단호한 표현들을 자주 접하고 연습하는 것이 중요하다. 친절은 상대방의 생각과 감정을 인정하고 수용하는 것이고, 단호는 타인에게 불편을 주는 행동을 멈추고 상황에 맞는 행동을 할 수 있게 명료하게 표현하는 것이다. 만약에 교사는 단호하게 말했다 생각하는데, 학생들이 두려워한다면 이는 학생들을 통제하기 위한 수단으로써의 표현이라 할 수 있다.

청소 시간인데도 준석이는 축구공만 갖고 논다. 이때 친절하고 단호한 방식으로 어떻게 말하면 좋을까? 학생의 감정과 욕구를 읽어 주는 것이 친절이다. "준석이는 축구를 무척 좋아하는구나"는 친절한 표현이다. "지금은 청소하는 시간"이라는 말은, 간단명료하게 상황을 확인시키고 필요한 행동을 이끄는 단호한 표현이다. 상황을 확인시키는 표현에는 "지금 뭘 해야 하는 시간이지?"와 같은 질문 형식의 문장도 있다.

또 앞으로의 상황을 기대하는 "청소를 다 마치면, 곧 축구를 할 수 있어"도 단호한 표현이다. "바닥을 쓸겠니? 책상을 정리하겠니?"라고 제한된 선택을 하게 하는 것도 단호한 표현이고, 학생이 무엇을 할지 선택했지만 어떻게 할 줄 몰라 하면 "혼자 해 볼래, 선생님이 도와줄까?"라고 묻는 것도 친절하고 단호한 표현이다. 여러 단호한 표현 가운데 학생의 성향과 상황에 맞게 선택해서 사용하면 좋다.

나, 너, 타인 존중하기
친절하고 단호한 표현의 바탕에는 존중하는 마음이 깔려 있다. 이 존중의 대상은 셋이다. 나(교사)를 존중하고, 너(학생)를 존중하며 타인(상황)을 존중해야 한다.

존중은 상호간에 이루어져야 한다. 내가 존중받길 원한다면 상대방도 똑같이 존중해야 한다. 그리고 한 상황 속에 타인이 있고, 서로의 행동에 영향을 받기 때문에 타인도 존중해야 한다. 교실에서 서로 존중받지 못한다는 느낌이 들면 이는 안전하지 못한 상황이다. 안전하지 못하다는 느낌이 들면 일부는 우월감을 드러내 자신을 방어하고, 일부는 상황을 회피하면서 자신을 보호하고자 한다. 힘에 우위가 생기고, 이 힘이 서로 부딪히면 존중은 사라지고 갈등만 남는다.

교실에서 '상호 존중' 가치가 자리를 잡으려면 무심코 하는 행동들이 미치는 영향을 생각해 보고, 그 행동의 이면을 살펴봐야 한다. 남에게 해가 되는 행동을 하는 친구는 스스로 의미 있고 연결되어 있다는 느낌을 갖고 있는지 헤아려 본다. 그리고 상대적 우월감을 느끼기 위해 애쓰기보다 스스로 탁월해지는 연습이 더 중요하다는 것을 깨우쳐 주어야 한다. 교사는 학생한 명 한 명이 가진 여러 소질 가운데 잘하는 것을 찾고 발전시킬 수 있도록 도와야 한다.

4장

갈등아 와라! 함께 해결해 보자

저경력 교사 대상 연수에서 이런 질문을 자주 한다.

"최근 학교에서 가장 보람 있었던 일과 가장 힘들었던 일을 얘기해 볼까요?"

거의 모든 교사의 반응이 비슷하다. 보람 있었던 일보다는 힘들었던 일을 더 많이 기억하고 하소연이 길어진다.

"우리 반 여학생 세 명이 교과 선생님께 대들어서 학부모 상담하느라 정신이 없었어요."

"논술형 수행평가 점수가 친한 친구보다 낮다고 민원을 제기했어요."

"우리 반 아이가 학교 밖에서 사고를 일으켜 경찰이 찾아왔어요."

"학생들이 온라인 단체대화방에서 교사 흉보는 것을 봤어요."

"일 못한다고 부장님이 한 학기 내내 괴롭히고 있어요."

나도 이 모든 상황을 겪었기에 준비했던 교수요목을 접고 얼마나 힘들었을지 공감하는 연수로 한 시간을 보냈다.

"우리 반 아이들이 아무 사고도 일으키지 않고 하루를 보냈으면 좋겠어요." 담임 교사들이 매일 아침 마음에 품는 간절한 바람이다. 그러나 교사들의 바람이 무색하게 일어날 사건은 일어난다. 반항, 교사와의 힘겨루기, 학교폭력 등 경중이 다를 뿐 사안은 늘 일어난다. 그리고 이러한 문제 상황을 마주했을 때, 사람은 항상 생각보다 감정이 앞서고, 감정은 말과 행동을 결정한다.

"왜 하필 내게 이런 일이……", "왜 그 아이는 이런 문제를 만들었을까?", "왜 그 아이는 항상 피해를 주고 다닐까?"

'왜'로 시작하는 생각과 말은 교사들을 문제 상황에 고립시키고, 상대를 비난하게 만들며, 좌절감, 스트레스 같은 부정적인 감정만 고조시킬 뿐이다. 교사들이 대응 방식을 바꿔 보면 어떨까? '왜'가 아닌 '무엇을', '어떻게'로 바꾸면 문제 상황에 멈추어 있는 생각에서 해결책을 찾아보는 확장된 사고로 발전할 수 있다.

활동

What & How로 시작하는 해결책 호기심 질문법

"어떻게 하면 실수한 일을 잘 만회할 수 있을까?"

"어떻게 하면 다른 방법으로 이 일을 해결할 수 있을까?"

"무슨 일이 있었는지 설명해 줄 수 있니?"

"이 문제를 너는 어떻게 생각하는지 말해 줄 수 있니?"

"문제를 해결하기 위해 어떤 말을 해 주었으면 좋겠어?" (친절하게)

과거(상황)와 미래(해결책) 가운데 어디에 집중해야 할까?

학교 텃밭을 조성하던 때 일이다. 단 하룻밤 몰아친 비바람에 그 동안 일군 모든 것들이 망가졌다. 학생들은 좌절했다. "텃밭은 이제 끝이에요", "열매 사진도 못 찍고, 망했어요", "이제 우리 프로젝트는 어떻게 해요?"

"그러게 선생님이 줄기 옆에 막대를 더 세우라고 했잖아. 진행 과정을 수시로 사진으로 남겨 놓으라고 했지? 텃밭을 치워야 하니까 방과 후에 한 명도 빠짐없이 모두 모여야 해."

하지만 정작 모인 인원은 단 두 명이었다. 교정 등하굣길에 있는 화단이라 빨리 정리해야 한다는 마음에 나 혼자서 늦은 밤까지 남아 모두 치웠다. 그러고는 다음 날 학생들을 또 한 번 훈계하였다.

"공부도 중요하지만, 책임감도 중요한 거야. 마무리를 안 하는 너희들과는 다시는 이런 활동을 하지 않겠어."

그 이후 텃밭은 화단으로 바뀌었다. 그때 학생들은 텃밭을 가꾸며 무엇을 배웠을까? 식물을 키우기 위해 영양분 있는 토양과 적당한 일조량, 물과 같은 자연환경과 정성이 필요하다는 것은 배웠을 것이다. 그러나 자신들이 가꾸는 텃밭을 책임져야 한다는 책임 의식과 공동체적 공감은 없었다. 학생도 교사도 문제 상황에 비난과 원망으로만 맞섰다.

그때, 문제 상황에서 교사로서 대응 방식을 바꿔 보았더라면 어떻게 되었을까? 학생들이 다시 한 번 텃밭 가꾸기에 도전했을 것이다. 과거(상황)와 미래(해결책) 중 어디에 집중해야 했을까? 상황에 화가 난 나머지 해결책에 집중하지 못했다. 당시 상황에서 문제를 해결할 수 있는 세 가지 선택지(학생들 스스로 정리할 시간 주기, 논리적으로 정리해야 할 이유 설명해 주기, 함께 의논하여 해결책에 집중하기)가 있었다. 하지만 감정이 앞선 나머지 텃밭 프로젝트는 실패로 끝났다.

활동

자연적 결과, 논리적 결과 그리고 해결책 찾기

- 자연적 결과 : 어른의 개입 없이 학생들의 선택에 따라 경험해야 하는 것을 경험하도록 하는 것

▶ 학교 시설 관리자와 협의 후 화단을 일정 시간 그대로 둔다.

"훌륭한 농부는 밭을 그냥 내버려 두지 않는단다. 이 텃밭은 우리가 시작한 일이야. 다음에 다시 식물을 심으려면 어떻게 해야 할까? 너희 스스로 정리할 시간을 줄게."

해당 학생들이 등하교하면서 망가진 식물들을 보며 스스로 치워야겠다고 생각하고 행동으로 옮기게끔 할 수 있다.

- 논리적 결과 : 학생들의 잘못된 행동이 낳을 상황을 설정해 주는 것. (자칫 위장된 처벌로 변할 가능성이 있으므로 문제 행동에 관련된 결과를 제시해야 한다.)

"방과후에 모여서 화단을 정리하자고 했는데 두 명만 와서 작업을 할 수 없었어. 정리할 책임은 씨앗을 뿌린 우리 모두에게 있어. 가능한 빨리 정리하지 않으면 식물이 썩을 것이고, 그 때문에 해충이 발생해서 학교 전체에 퍼질 수 있어. 해충을 없애는 것도 우리 동아리가 책임져야 해. 자, 그렇다면 언제 정리하는 것이 좋을까?"

• 해결책 찾기 : 학생들이 문제 행동을 일으키기 전에 도움으로써 해결책에 초점을 두면 학생들은 가치를 경험할 수 있다. 해결책은 3R 1H에 따라 학생들이 실수를 회복하고 존엄성을 가질 수 있다. 그렇게 기분이 좋아지면 학생들은 더 잘 해낼 수 있다.

3R 1H : 합리적인가? (Reasonable) 관련이 있는가? (Related) 존중하는 방식인가? (Respectful) 도움이 되는가? (Helpful)

▶ 학생들에게 잠시 생각할 시간을 주고 해결책을 함께 찾는다.
"공들여 키운 식물들이 다 망가져서 모두 너무 속상하지? 선생님도 비가 원망스럽단다. 너희들이 뙤약볕에서 물 주던 모습을 생각하니 더 많이 속상해. 속상한 마음은 크지만 화단을 한번 보자. 쓰러지고 부러진 이 많은 식물을 정리해야 하는데 어떻게 해야 할까?"
- 방과 후는 수업이 있으니 쉬는 시간이나 점심시간마다 정리해요.
- 쉬는 시간이 너무 짧아서 정리하다가 수업에 늦을 수 있어요.
- 관리를 맡아 일하시는 분께 부탁하면 좋겠어요.
- 수업 시간에 조는 학생들에게 화단 한 개씩 정리하게 시키면 어떨까요?

"좋은 의견 고맙다. 이 중에 합리적이지 않거나 관련성이 없으며, 존중하거나 도움이 되지 않는 의견은 무엇이 있을까?"

- 방과 후에도 각자 수업이 많기 때문에 모이기 힘들 것 같아요.

- 수업 시간에 조는 학생들을 시키면 우리한테 뭐라 할 거예요.

"선생님도 의견을 내 볼게. 관리 일을 맡아 하시는 분은 학생들 프로그램에 참여하는 분이 아니니 수레 빌리는 것과 분리수거 할 때만 도와 달라고 부탁드리면 어떨까?"

"식물이 썩으면 해충이 생겨 학교 전체에 퍼질 수 있어. 정리 기한은 어떻게 할까?"

- 부장이 조를 짜서 점심시간 이용해서 정리하고, 그러면 3일은 필요할 것 같아요.

- 화단 앞에 3일 안에 정리하겠다고 안내문을 붙여요.

"그래. 이 프로그램은 다음 텃밭 준비까지가 마무리야. 진학을 앞두고 공부하느라 힘든 와중에 프로그램에 잘 참여하고 마무리까지 좋은 의견 내준 너희들을 응원한다. 선생님도 많이 도와줄게."

Episode 2 문제 해결의 시작점, 공감

중등교육 현장은 코로나 이전과 이후의 세대가 또 달라졌다. 청소년들의 공동체에 대한 인식과 공감 능력이 많이 달라졌다. 고학년으로 올라갈수록 청소년들은 함께하는 공동체 활동보다는 혼자만의 시간을 갖는 데 몰두한다. 또한 공동체에서 협업하여 이루어 낸 결과보다 개인의 성과만을 중시하는 경우가 많다. 게다가 자신의 행동이 타인에게 어떠한 영향을 미칠지 미처 생각지 못하는 경우도 비일비재하다.

말은 잘하지만 진정한 소통이라고는 할 수 없고, 타인과의 공감 능력이 떨어져 나의 아픔에는 민감하지만 남의 아픔은 좀체 이해하지 못한다. 또한 타인에게 피해를 주는 상황에서도 그렇다는 것을 깨닫지 못하는 경우가 많고, 전혀 논리적이지 않은데도 자신의 생각이 옳다고 굳게 믿으면서 합리화하려고만 든다.

아들러는 공감을 공동체감과 함께 매우 중요한 개념으로 설명하면서 '공감은 상대의 눈으로 보고 상대의 귀로 듣고 상대의 마음으로 느끼는 것'이라고 했다.

영화 〈인사이드 아웃2〉에서 사춘기 소녀 라일리 마음속에 있는 '불안이'는 모든 중고등학교 청소년들의 마음속에도 있다. 친한 친구가 멀어질까 불안하고, 경쟁에서 뒤처질까 불안하며, 스마트폰이 없으면 불안하다. 불안감이 큰 학생들은 자존감이 현격히 떨어지고, 교사의 훈육에 민감하게 반응한다.

힘든 청소년기를 이해하고 공감해 주어야지 하면서도 번번이 격한 감정이 앞서 문제 상황에만 집중하게 될 때가 많다. 업무가 바쁠수록 공감 능력은 더 낮아지는 것 같다. 한 번쯤 학생의 입장이 되어 그 학생의 감정과 기분을 알아 주고 이해하는 공감의 마음을 가져 보자. 물론 공감한다고 해서 교사의 입장과 관점을 무시해서는 안 되며, 문제 행동을 일으키는 학생을 무조건 동정하고 인정을 베푸는 것은 더욱더 안 된다. 학생이, 자신이 맞닥뜨린 문제를 어떻게 생각하고 느끼는지 이야기 내용을 주의 깊게 경청하며 학생을 이해하고 있음을 언어적 표현 및 비언어적 표현을 통해 전달해 준다. 그다음 문제 행동을 어떻게 해결할 수 있을지 생각하도록 단계적으로 진행해 나가야 한다.

이에 더하여 중등교육 현장에서 매우 필요한 훈육 방법의 하나인 '관철하기'를 제시해 본다. '관철하기'는 교사가 학생들의 문제 행동을 일일이 지적하는 학생과 교사 사이의 핑퐁 대화를 막을 방법이기도 하다. 문제 상황에서 교사는, 친절하고 단호하게 학생들이 그 순간 어떻게 해야 하는지 정확히 알려 주어야 한다. 관철하기로 문제를 해결 할 때는, 교사는 단순하고 간단하게 말해야 문제에 초점을 맞출 수 있다.

활동

학생과 갈등 상황에 놓였을 때 문제 해결_관철하기 4단계

• 1단계 사실 확인하기(짧게 말하기)

"태블릿으로 수업과 관계없는 영상을 보는 것을 봤어."

• 2단계 약속(제한된 선택)

"우리가 약속한 태블릿 사용 규칙이 무엇이었지?"

"태블릿을 네 책상 안에 넣을래? 아니면 교탁에 가져다 놓을래?"

• 3단계 침묵하기(시계 가리키기 등 비언어적 신호를 사용한다.

▶ 말없이 학습지를 가리킨다.

• 4단계 약속을 지킬 경우 격려하기
"수업에 집중하려고 노력한 너를 지지한다."

친절하면서도 단호하게

　교실 속에서 문제를 일으키는 학생이 한두 명만 있어도 학급 전체가 영향을 받는다. 무엇보다 담임 교사 앞에서는 바른 모습을 보이는 학생이 교과 교사에게는 전혀 다른 모습으로 반항하는 경우에는 담임 교사가 더욱 신경을 써야 한다. 이럴 때 교사는 학생들이 문제 상황을 올바로 인식하고 자신의 감정을 표현하며 함께 해결책을 찾아가는 경험을 하도록 기회를 만들어 주어야 한다.

친절함과 단호함을 활용한 해결 방법

•1단계 : 갈등 상황에서 잠시 물러나기

문제 상황에 머문 채로 계속 말싸움을 하는 것보다 때로는 반응하지 않고 물러나는 것도 필요하다. 학생과 학생 사이 문제, 교사와 학생 사이 문제, 동료 교사와의 문제 등 어떤 상황에서든 감정을 추스르고 문제가 무엇인지를 알아내야 해결책을 찾아볼 수 있다. 뭔가 다른 일을 할 수 있게 해 주거나 또는 다른 곳으로 가 있어도 좋다. (긍정적 타임아웃)

"잠시 다른 모둠 질문을 받아 주고 와서 다시 얘기해도 되겠지? 올 때까지 이 부분에 빨간색 색연필로 밑줄 긋고 있을래?"

"두 사람의 얘기를 들어 봐야 하는데 여기 복도에서 얘기할래? 아니면 다른 장소에서 얘기할래?"

•2단계 : 문제에 대하여 진지하고 정중하게 이야기하기

문제 상황을 정중하게 이야기하게 한다. 이때 발언의 선택권을 주는 것도 좋다.

"네가 먼저 얘기할래? 선생님이 먼저 얘기할까?"

"문제 상황에 대해 두 사람 중에 누가 먼저 얘기할래?"

이때, 문제 상황에 대해 사실만 간단히 설명하며, 그때 자신의 감정을 말하고 어떤 행동을 했는지 설명하게 한다. 친구 또는 상대가 어떻게 느꼈는지 경청하는 것이 중요하며, 일으킨 문제에 대해 책임을 지고 어떤 변화된 행동을 할지 나눈다.

• 3단계 : 문제 해결 방법 논의하기

해결책을 브레인스토밍한다. 이때 판단하거나 분석하지 않고 행동을 수정할 방법을 찾아 해결책을 생각하고 아이디어를 나누는 경험을 해야 한다. 잘못한 것을 찾는 것이 아닌 어떻게 실수를 고칠 수 있는지 찾아야 한다. (사과하기, 행동에 책임질 방법, 제한된 선택 제시 등) 해결책 브레인스토밍 후 최고의 해결책을 찾아 지켜 나갈 것을 약속한다.

▶ 교과 시간 태블릿으로 수업과 관계없는 영상을 보는 경우

- 태블릿 활용 수업이 아닐 때는 가방에 넣어 두기
- 모둠 친구들이 만화 영상 보는 학생에게 모두 한목소리로 말하기.
 "수업에 집중하자!"
  - 지켜지지 않는 경우 자발적으로 교탁에 가져다 놓기

• 4단계 : 함께 해결할 수 없다면 학급회의를 열어 도움받기

학생들이 해결하기 어려운 경우는 학급회의(200쪽 참고)를 통해 해결할 수 있다. 중등학교 청소년은 친구들과의 관계 속에서 자신을 판단하고 행동한다. 학급회의 안건으로 올리는 경우는 공동체에서 함께 지켜야 할 보편적인 문제를 해결할 때 사용하는 것을 권한다.

5장

문제 행동에 숨겨진 메시지들

아침에 일어나서 학교 오는 것이 힘들다고 해서 제가 학교 올 시간이면 전화도 했어요. 아침을 못 먹고 온다고 해서 아침마다 먹을 것을 챙겨 주기도 했고요. 애들이랑 많이 부딪쳐도 이해해 보려고 했고, 좋은 말로 많이 타일렀어요. 노력을 진짜 많이 했어요. 그런데 다른 반 아이랑 싸워서 교무실에 불려 왔기에, 그날은 제가 좀 야단을 쳤어요. 그랬더니 가방을 싸 가지고 집으로 그냥 가 버린 거예요. 처음 맡은 반이라서 잘해 보려고 일 년 가까이 참고 참으면서 정말 잘해 줬는데…….

그 선생님은 아이로부터 배신감을 느꼈다고 했다. 아이들이 두려워졌다고, 다른 아이들도 언제 그렇게 변할지 몰라서 무섭다고 했다. 심지어 교사로서 무능력한 것 같다고 스스로를 자책했다.

아이를 잘 교육하고 싶다는 생각이 강해지면 교사에게는 욕심이 생기는데, 그 욕심이 '관계'를 흔들 수도 있다. 그래서 교사는 차분하게 아이의 행동을 되짚어 보고, 수정할 부분을 찾아야 한다. 또한 사춘기를 겪는 십 대 아이들은 지금이 격정적 감정의 시기인 만큼 교사가 훨씬 냉철하게 판단하고 결정해야 한다.

신념에 따라 대응이 달라진다

행동은 자신이 내린 결정이 겉으로 드러나는 표현이다. 아들러는 "개인이 하는 말이나 생각에 어떠한 가치도 부여해서는 안 된다. 우리가 평가할 수 있는 유일한 것은 그 사람의 행동이다"라고 말했다. 교사는 학생들이 보여 주는 행동으로 그 학생의 생각이나 감정까지 평가한다. 나아가 그 행동을 본 교사의 평가가 학교 내에서는 생활지도라는 이름으로 교육이 이루어진다.

그렇다면 과연 학생들의 생각과 행동이 일치할까? 학생들의 행동에 그 학생의 진심이 오롯이 담겨 있을까? 우리도 늘 느끼는 대로, 생각하는 대로 행동하는가? 무의식적으로 행동이 먼저 일어나는 경우를 경험해 본 적이 있을 것이다. 이는 무의식 속에 자리한 자신만의 신념이 반사적으로 반응해서 나타난 결과이다. 행동이 그 사람의 진심이 아닌 이유다.

교사가 지도하는데 꼬박꼬박 말대꾸할 때, 약속을 계속 어길 때, 단체 활동인데도 이기적으로 행동할 때, 거짓말하고 고집부릴 때……. 그 모든 순간에 교사들은 두려움을 느낀다. 그런 문제 행동을 지도하는 일이 쉽지 않기 때문이다. 짜증도 나고, 화가 나기도 하며, 때로는 상처도 받고, 체념하고 싶은 마음이 들기도 한다. 문제 행동 하나하나마다 맞춤식 해결책이 있어서 공식처럼 넣어 해결할 수 있다면 얼마나 좋을까? 하지만 똑같은 문제 행동에도 교사는 각기 다른 처방을 내리고 훈육을 해야 한다. 왜냐하면 아이들 각자 신념에 따라 대응이 다르기 때문이다.

자신에 대한 생각	나는 중요한 사람인가? 별로 중요하지 않은 사람인가?
타인에 대한 생각	타인은 나를 돕는 사람들인가? 나를 위협하는 사람들인가?
세상에 대한 생각	세상은 나를 보호해 주는 공간인가? 위협하는 공간인가?

신념은 살면서 체득한 생각과 논리, 경험을 바탕으로 형성된다. 이 신념은 거의 무의식적으로 작동하며, 각자 다른 방식으로 나타난다. 그래서 똑같은 문제 행동에도 똑같은 개념이나 방

식으로 대응할 수 없기에 해결책 찾기가 쉽지 않다. 더구나 교사를 힘들게 하는 아이들은 주변 사람들에 대해 부정적인 인식과 편견을 많이 가지고 있다.

특히 사춘기를 겪는 아이들은 자신만 믿으려는 경향이 짙다. 자신이 믿는 것이 사실이 되고, 그 믿음이 그 아이의 판단 근거가 된다. 문제를 일으키는 아이들은 타인을 믿고 의지할 기회가 적고, 상호 소통하고 건강하게 표현하는 기술이 부족하다. 특히 타인에 대한 긴장도가 높고, 자신만이 자신을 보호할 수 있다고 생각하는 경향이 높다.

제인 넬슨은 "대부분의 아이들은 어긋난(문제) 행동을 하는 것이 아니라 자신의 나이에 맞게 행동할 뿐이다"라고 했다. 교사를 힘들게 하는 아이들은 나이만 십 대일 뿐 정신적 나이는 훨씬 어릴 수 있다. 들여다보면 나이만 먹었지 그 상황에 대응하는 효과적인 기술을 알지 못하고 경험하지 못했을 가능성이 높다. 학생이 문제 행동을 수정하기를 바란다면 문제 행동 뒤에 숨겨진 어긋난 목표 행동을 이해하는 것이 도움이 된다. 어긋난 목표 행동을 이해해야 각각의 목표에 따라 좀 더 효율적으로 개입이 가능하며, 긍정적인 훈육이 되도록 방법을 달리할 수 있다. 십 대 아이들의 어긋난 목표 행동은 다음과 같다.

- 선생님이나 친구들과 연결되고 소속감을 느끼기 위해 지나친 관심을 요구한다.
- 자신의 힘을 과시하기 위해 친구, 선생님을 이기고 싶어 한다.
- 상처받은 마음을 보복을 통해 자신의 존재를 알리고 싶어 한다.
- 모든 것을 완전 포기한, 그래서 자신이 실패한 사람임을 증명하려 한다.
- 그 외에도 다른 형태의 목적이 있을 수 있다.

행동이 전하는 숨겨진 메시지를 찾아라

"그 아이 속을 모르겠어요. 어떤 날은 말을 잘 들어요. 그런데 어떤 날은 당연한 것들도 따르지 않고 성질을 막 부려요."

아이들이 문제 행동을 일으키는 목표는 주로 지나친 관심 끌기, 힘의 오용(힘을 갖고 싶어 함), 보복, 무기력일 가능성이 많다. 가족으로부터 자립하여 자신의 정체성을 찾고자 하는 십 대는 위 네 가지 행동 목표와 더불어 가끔 다른 요인들과 복합적으로 작용하기도 한다. 다른 요인들은 아이를 깊이 있게 관찰하고 소통하며 찾아봐야 한다.

소통의 지름길은 바로 경청이다. 경청한다는 것은 그 아이의 생각(머리), 감정(가슴), 상황(두려움, 낙담, 분노 등)을 귀 기울여 들어 주는 것이다. 경청을 통해서 교사와 아이가 연결되어 소속감을 경험하기 때문에 행동 수정이 훨씬 잘 일어난다.

아이들의 마음을 이해하는 방법으로, 학급긍정훈육에서는 '역할극'을 선호한다. 아이들의 마음을 잘 이해하려면 아이들의 세계로 들어가 봐야 하는데, 이때 역할극이 가장 좋은 방법이기 때문이다. 역할극을 하고 나면 아이들의 감정, 생각, 결심이나 결정들을 조금이나마 이해할 수 있다. 다음처럼 실습을 해 보자.

"수업 시간마다 대놓고 엎드려 자는 아이가 있어요. 혼도 내고 달래도 봤는데 통하지 않아요. 다른 아이들까지 점점 엎드려 자려고 해서 걱정이에요."

 교무실에서 우연히 그 학생과 마주하였다. 아래 빈칸에 평상시 내가 지도하는 방식으로 훈육할 대사를 적어 본다.

 마치 마법처럼 그 아이의 숨겨진 마음이 눈에 보인다. 천천히 읽어 보고 나서 훈육할 대사를 다시 적어 본다.

'나를 포기하지 말아 줘요. 나에게는 과제를 조금만 주세요.'

두 번의 실습을 하면서 스스로 알아차린 것이 있는가? 직접 얼굴을 마주하고 역할극을 한다면, 대화는 물론이요 비언어적 표현인 눈 맞춤이나 태도 등도 훨씬 중요한 요소가 될 것이다. 협조해 줄 동료 교사가 있다면 직접 해 보기를 권한다. 글로만 쓰는 것보다는 훨씬 많은 것을 알아차릴 수 있을 것이다.

어긋난 신념과 목표 행동을 확인하는 데 유용한 실마리가 있다. 첫 번째는 아이의 행동에 대한 교사의 감정 반응이다. 짜증, 화, 상처, 체념처럼 감정적 반응을 알아차려야 한다. 두 번째는 교사의 반응에 응하는 아이의 반응이 무엇인지 찾아봐야 한다. 그리고 아이의 목표 행동을 찾는다. 목표 행동에 따른 그 아이의 숨겨진 메시지를 알고 난 후 훈육을 하면 대응이 달라진다.

아이의 문제 행동은 빙산의 일각이다. 수면 아래에는 주변과 연결되고 싶은 소속감과 자신을 중요하고 가치로운 존재로 인식하는 자존감을 향한 자신만의 '신념'이라는 커다란 빙산이 존재한다. 문제 행동 아래에 숨겨진 아이의 메시지, 암호 코드가 있다. 그 암호 코드가 진짜다. 52쪽에 있는 '어긋난 목표 차트'(Mistaken Goals)를 활용하여 숨겨진 메시지를 파악한 후 훈육해 보기를 권한다.

아이의 목표	행동 뒤에 숨겨진 메시지	이끌어 주기
지나친 관심 끌기	나를 봐 주세요. / 나도 함께하고 싶어요.	인정과 관심
힘의 오용	도와줄게요. / 선택권을 주세요.	힘과 통제권
보복	나는 상처받고 있어요. / 내 마음을 알아줘요.	공평과 정의
무기력	나를 포기하지 말아 주세요. / 나에게는 과제를 조금만 주세요.	기술과 능력

　　어긋난 신념을 토대로 어긋난 목표 행동을 설정하는 아이들 때문에 교사들은 많은 에너지를 쏟는다. 에너지를 적게 쏟고 효과적으로 훈육할 수 있으면 참 좋으련만, 훈육에는 정답이 없다. 다만 해답을 찾아가는 것이다. 요리사가 음식을 잘하려면 칼부터 점검하고 갈아 두어야 한다. 칼을 점검하고 갈아 두는 요리사처럼 아이들에 대한 공부를 하는 수밖에 없다. 도구를 잘 준비하는 것처럼 다양한 교육 서적을 읽고 필요한 연수에 참가하길 권한다.

어긋난 목표 차트
(Mistaken Goals)

아이의 목표	교사/ 부모의 감정	교사/부모의 반응
지나친 관심 끌기 (다른 사람의 지속적인 도움과 관심을 얻으려 함)	성가시다 짜증난다 걱정된다 죄책감을 느낀다	알아차리게 한다 아이를 타이른다 나 자신을 위한 일을 아이를 위해 한다
힘의 오용 (보스처럼 행동함)	화난다 불안하다 도전받는 느낌이다 위협을 느낀다 패배감을 느낀다	싸운다 포기한다 '너는 벌 받아야 해' 또는 '본때를 보여 주 겠어'라고 생각한다 바로잡아 주려 애쓴다
보복 (똑같이 되돌려 줌)	상처받는다 처벌하고 싶다 실망스럽다 의심스럽다 혐오스럽다	보복한다 받은 만큼 갚아 준다 창피함을 느낀다 '네가 나한테 어떻게 이럴 수 있지?'라고 생각한다
무기력 (포기하고 혼자가 됨)	체념한다 절망적이다 어쩔 수 없다 무력감을 느낀다	포기한다 지나치게 많이 도와준다

아이의 반응	아이 행동 이면의 어긋난 신념	숨겨진 메시지
• 순간적으로 행동을 멈추지만 같은 행동을 반복하거나 다른 방법으로 방해한다.	'내가 사람들의 관심을 받을 때 또는 특별한 대접을 받을 때 나는 소속감을 느껴.' '당신이 나로 인해 분주할 때 내가 중요한 사람이 된 것 같아.'	나를 봐 주세요 나도 함께하고 싶어요
• 더 심한 행동을 한다 • 명령에 반항한다 • 부모나 교사가 화내는 모습을 보고 승리감을 느낀다 • '네'라고 말하고 따르지 않는다	'내가 대장일 때 또는 내가 통제할 때 나는 소속감을 느껴.' '누구도 나를 어쩔 수 없어.'	도움을 주고 싶어요 나에게 선택권을 주세요
• 보복한다 • 다른 사람에게 상처를 준다 • 더 심하게 행동하거나 다른 방법을 찾는다	'난 어디에도 속해 있지 않아. 그래서 내가 상처받은 만큼 다른 사람들한테도 상처를 줄 거야.' '사람들이 나를 좋아하지 않아.'	나는 상처받고 있어요 내 마음을 알아주세요
• 더욱 움츠러든다. • 수동적이 된다. • 더 나아지려는 생각이 없다. • 아무런 반응을 보이지 않는다.	'나는 잘하는 게 없어. 그래서 어디에도 소속할 수가 없어. 사람들이 나한테 아무런 기대도 할 수 없게 할 거야.' '나는 도움이 안 되는 무능한 인간이야.'	나를 포기하지 말아 줘요 나에게 조금씩만 과제를 주세요

아이의 목표	긍정훈육법 (아이에게 필요한 것과 격려하는 방법)	
	지나친 관심 끌기 (다른 사람의 지속적인 도움과 관심을 얻으려 함)	힘의 오용 (보스처럼 행동함)
	아이가 주의를 끌 수 있는 다른 유용한 일을 하게 한다. "나는 너를 사랑해. 나중에 함께 시간을 보낼 수 있을 거야." 특별한 무언가를 해 주지 않는다. 특별한 시간을 계획한다. 아이들이 일정표를 짜도록 도와준다. 문제 해결 과정에 참여시킨다. 가족회의 또는 학급회의를 활용한다. 비언어적 신호를 정한다. 말없이 안아 준다.	아이가 긍정적 힘을 사용할 수 있도록 도움을 요청한다. 싸우지도 말고 포기하지도 않는다. 갈등에서 한발 물러나 냉각기를 갖는다. 부드러우면서도 단호하게 행동한다. 무엇을 할지는 당신이 결정한다. 규칙이나 일정표를 따르게 한다. 힘겨루기를 하지 말고 침착하게 대한다. (이기려고 하지 마라) 상호 존중하는 태도로 대한다. '끝까지 관철하기' 기술을 친절하고 단호하게 사용하는 연습을 한다. 가족회의 또는 학급회의를 활용한다. 아동이 아닌 아동의 행동에 초점을 둔다. 실제적인 책임을 부여한다. (선택권을 주고 의사결정에 참여하기)

보복 (똑같이 되돌려 줌)	무기력 (포기하고 혼자가 됨)
상처받은 감정을 토닥여 준다. 감정에 상처를 주지 않는다. 처벌이나 보복을 하지 않는다. (앙갚음하기, 굴욕감 주기를 멈추기) 신뢰를 쌓는다. 경청한다. 배려와 기다림을 보여 준다. 당신의 감정을 표현하고 나눈다. 아동의 긍정적인 측면을 찾아 격려한다. 어느 한쪽 편을 들지 않는다. 가족회의 또는 학급회의를 활용한다. 작은 규칙 위반에 초점을 맞추지 않는다. 다른 사람을 도울 기회를 제공한다. (공헌)	할 일을 작은 단계로 나누어 준다. 작은 노력이나 향상도 알아차린다. 비난하는 것을 멈춘다. 시도한 것 자체를 격려한다. 아이의 가능성에 믿음을 보인다. 동정하지 않는다. 포기하지 않는다. 성공할 기회를 제공한다. 기술을 가르치고 시범을 보인다. 대신해 주지는 않는다. 아이가 어떤 것에 관심을 두는지 살펴 본다. 아이와 즐거운 시간을 갖는다. 아이가 좋아하는 것을 찾도록 도와준다. 가족회의 또는 학급회의를 활용한다. 긍정적인 자기 대화를 가르친다. ('나는 할 수 없어, 나는 어리석어'라고 말하지 않기)

2부

실천편_
문제 상황에서의 훈육

1장　감격해 카드로 문제 해결하기

2장　행동 아래 감춰진 신념을 찾아라

3장　엉킨 감정의 실타래를 풀어 주는 의사소통 기술

4장　더 큰 문제를 예방하기 위해 '확인하기'

5장　왜 침묵을 선택했을까?

6장　선생님을 조종하려는 아이

1장

감격해 카드로 문제 해결하기

민수는 학기 초부터 수업에 관심이 없고 방해하는 행동을 하며 힘들게 했다. 그러다 스승의 날을 며칠 앞두고 일이 벌어졌다. 교실에 들어가니 다들 수업 준비는 뒷전이고 어수선했다. 그래서 색지에 무언가를 쓰고 있는 아이에게 물었다.

"지금 뭐 하고 있니? 지금 쓰고 있는 게 뭐야?"

그랬더니 민수가 대뜸 "○○야 그냥 집어넣어. 또 지○한다"라고 큰 소리로 말했다.

"민수, 너 뭐라고 했어? 나한테 한 말이지? 앞으로 나와."

하지만 민수는 자리에 앉은 채로 ○○이한테 한 말이라며 우겼다.

"순간 말실수를 했으면 '죄송합니다'라고 해야지 왜 말도 안 되는 거짓말을 해?"

그러자 민수는 오히려 내게 한 말이 아니라며 더 거칠게 반항했다. 당혹스러운 상황이었다. 여학생 몇 명이 '민수 네가 잘못한 거라고 잘못했다고 말하라'고 하자 민수는 그제야 잘못했다고 했다.

수업 끝나고 이야기하자고 말은 했지만 가슴이 쿵쾅거리고 손이 떨려 진정시키며 수업을 진행하느라 무진 애를 먹었다. 민수를 볼 때마다 괘씸한 생각이 들어 수업 시간 내내 힘들었다.

민수를 기다리는 동안 생각이 복잡했다. 잘못한 행동에 대해 훈육을 해야 하는데, 민수 앞에서 평정심을 유지하며 말을 이어 가기가 어려울 것 같았다. 내가 느낀 모욕감으로 인해 그때껏 화가 남아 있었는데, 그 화가 민수에게 향하면 더 이상 관계를 회복하기 어려워질 것이었다. 그 순간 '감격해 카드'가 생각났다.

감정을 다스리고 대화 시도하기

- 감정이 진정되고 기분이 나아지면 대화를 시도하라.
- 대화를 시작할 때 상대방의 동의(시간, 장소 등)를 구하는 것은 대화의 마음을 여는 첫걸음이다.

점심을 먹고 나서 민수를 교무실로 불렀다. 먼저 나와 이야기할 준비가 되었는지 확인했다.

"급식은 먹었니? 지금 이야기할 수 있겠니?"

민수는 급식을 먹었고, 지금 괜찮다고 했다. 마음을 다스렸다고 생각했는데도, 민수를 마주하니 불편한 마음이 올라왔다. 그래서 마음먹은 대로 감격해 카드를 통해 대화를 이어 갔다.

1단계 : 감정 카드로 나와 상대의 감정 이해하고 공감하기

"아이들의 감정을 있는 그대로 인정해 주는 것이야말로 배려하는 태도다."

"선생님은 너와 감정 카드를 이용해서 대화할 거야. 먼저 교실에서 너의 막말을 들었을 때와 지금 내 감정이 어떨지 선생님의 입장이 되어 감정 카드 세 개를 골라 봐. 나는 네 감정이 어떨지 고를게."

아이와 나는 감정 카드에서 상대방이 느꼈을 감정을 생각하며 골랐다. 민수가 고른 카드는 '화난', '짜증나는', '억울한'이었다.

내가 고른 카드는 '후회하는', '걱정되는', '짜증나는'이었다. 그리고 상대가 고른 카드 중 자신이 느낀 감정을 선택하고 그것에 대해 이야기를 나누었다.

내가 먼저 말했다. "내 감정을 생각하며 카드를 골라 줘서 고마워. 나는 교실에서 '지〇한다'는 말을 들었을 때 많은 아이들 앞에서 모욕을 당했기 때문에 화가 났어. 학기 초부터 네가 수업 시간에 방해되는 행동을 할 때 주의를 주면 오히려 반항을 해서 상처도 받았고. 앞으로 너희 반 수업을 어떻게 즐겁게 할 수 있을까 하는 걱정도 들어."

내 감정을 솔직하게 이야기한 후, 민수에게 고른 카드에 대해 설명해 달라고 했다. "그럼 이제 네 감정을 말해 줄래? 내가 고른 카드에 없으면 직접 골라서 말해도 돼."

'후회하는', '미안한', '반성하는'을 선택한 민수는 나에게 이렇게 말했다. "교실에서 그 말을 한 것을 후회하고 있고, 선생님께 미안한 마음이 들고, 지금 선생님이 내 지난 행동으로 상처받고 지쳤다는 말을 들으니 반성하는 마음이 들어요."

나는 민수가 느낀 감정을 이해해 주고, 감정을 나누어 주어서 고맙다고 말했다.

2단계 : 격려 카드로 낙담한 마음 보듬기

"아이는 격려받았을 때, 앞으로 더 잘하겠다고 결심한다. 격려는 행동을 바꿀 수 있는 가장 효과적인 방법이다."

다음은 격려 카드에서 상대에게 하고 싶은 격려의 말을 고르고, 자신이 고른 격려 카드를 상대에게 읽어 주기로 했다. 민수가 나에게 골라 준 격려의 말은 '많이 속상하셨죠?'와 '고마워요'였다. '많이 속상하셨죠'라는 말을 들으니 나의 속상함을 알아주는 것 같아 마음이 누그러졌다. 그리고 왜 고마운 마음이 드는지 물어보았다.

"선생님이 많이 혼낼 거라고 생각하고 왔는데, 대화를 하고 내 마음을 알아줘서 고마워요."

"그랬구나, 많이 혼날까 봐 걱정했구나." 나는 아이의 걱정을 공감해 주었다.

내가 고른 격려의 글을 읽어 주고, 격려 카드를 아이에게 주었다.

자신의 감정을 이야기하고 상대방이 내 감정을 공감해 주는 과정에서 낙담하고 화난 감정이 조금 풀렸다. 격려의 말까지 나누고 나니 어색하지만 긴장했던 얼굴이 편안해졌다.

3단계 : '문제 해결 카드'로 실천할 수 있는 해결책 찾기

"아이가 실수를 했을 때 비난하거나 수치심을 주기보다는 해결책에 집중하도록 하라. 그러면 아이는 자신의 실수에서 해결책을 찾고 배움의 기회를 갖게 될 것이다."

마지막 단계로 '문제 해결 카드'를 꺼냈다.

"민수야, 이 문제를 어떻게 해결할지 문제 해결 카드에서 골라 보자"하고 말하며 카드를 펼쳐 놓았다. 민수가 고른 카드는 '진심으로 사과하기'와 '다시는 그러지 않겠다고 약속하기'였다. 그리고 내게 정중하게 사과했다.

민수는 대화 내내 진지했고, 고른 카드에 진심이 담겨 있었다. 감격해 카드를 활용한 대화는 성공적이었다.

학생에게 막말을 들은 것이 이번이 처음은 아니다. 이전에는 아이를 혼내고 사과를 받아도 며칠 동안 모욕감에 시달리곤 했다. 시간이 지나면 상처는 흐려지고 잊히기 마련이다. 그러나 5년 전의 이 사건이 오랫동안 기억에 남는 이유는, 감격해 카드를 통해 아이와 소통하면서 서로 위로하고 문제를 해결했기 때문일 것이다. 만약 감격해 카드를 사용하지 않았다면, 학생은 자신의 잘못에 굳은 얼굴로 고개를 숙였을 것이고, 교사는 화가 치밀어 오르면서 아이에게 쏘아붙였을지도 모른다. 감격해 카드는 내 감정을 정리해 주었고, 아이와 서로의 감정을 나누며 공감할 수 있게 해 주었다. 또한 서로 격려의 말을 주고받으며 상처를 어루만질 수 있었다. 무엇보다 문제를 해결하는 과정에서 끝까지 서로에게 예의를 지킬 수 있어서 좋았다.

이 일이 있은 후, 그 아이는 수업 시간에 더 이상 무례하게 행동하지 않았다. 오히려 방해하는 친구를 나무라며 교사 편을 들어 주기도 했다. 감격해 카드의 효과는 대단했다. 민수가 감정 카드를 통해 공감과 격려를 받았을 때, 그는 앞으로 더 잘하겠다고 결심했을 것이다. 이 경험을 통해 격려가 행동을 바꾸는 가장 효과적인 방법이라는 것을 깨달았다.

적용한 긍정훈육 기술

'감격해 카드'는 감정을 살피고 격려를 통해 문제를 해결하도록 고안되었다. 감정 카드, 격려 카드, 문제 해결 카드로 구성되어 있으며, 각 단계별 카드 활용법은 다음과 같다.

1단계 : 감정에서 물러나기

　　(둘 다 감정이 진정돼 정중하게 말할 수 있을 때 대화를 시작한다.)

2단계 : 문제 상황 확인하기

　　(문제를 확인할 때는 감정에서 물러나서 객관적으로 살핀다.)

3단계 : 감정 카드로 서로의 감정 공감하기

　　(문제 상황에서 느낀 감정을 골라 이야기 나누기)

4단계 : 격려 카드로 서로에게 하고 싶은 격려의 말을 골라 나누기

　　(내가 듣고 싶은 격려의 말을 고르거나 상대가 듣고 싶어 하는 말을 생

　　각해서 고를 수 있다.)

5단계 : 어떻게 문제를 해결하는 것이 좋을지 문제 해결 카드에서 고르

　　고, 지금 실천할 수 있는 방법을 함께 찾는다.

먼저, 진정할 시간을 가져야 한다. 흥분을 가라앉히고 기분이 나아지면 대화를 시도한다. 만약 학생이 흥분을 가라앉히지 못하고 지금 당장 이야기를 하자고 한다면, 교사는 "지금은 이야기를 하기 적절한 시간이 아닌 것 같구나. 감정이 진정되고 기분이 좋아지면 이야기를 나누는 것이 좋겠다"라고 말한다.

다음으로 문제 상황을 확인한다. 감정에서 벗어나 객관적으로 문제 상황을 살펴보는 것이다. 위 사례에서는 민수가 자신의 잘못을 인정하였기 때문에 문제 상황을 다시 확인하지 않았다. 문제 상황을 확인할 때는 실수한 사람을 비난하기보다는 그 행위가 낳은 결과에 집중하여 문제 상황을 파악한다.

예를 들면 두 명의 학생이 다투어 갈등이 생긴 상황이라면,

'현서가 나를 무시해요'가 아니라 '현서가 허락없이 내 학용품을 써서 내가 학용품을 쓰려고 할 때 없어서 불편해요'와 같이 불편한 행위에 초점을 두고 파악한다.

이제 '감격해 카드'를 활용하여 감정 카드, 격려 카드, 문제 해결 카드를 순서대로 진행한다.

첫 번째로 감정 카드를 통해 서로의 감정을 나누고 공감한다. 감정을 정확히 단어로 표현하기란 쉽지 않다. 이러한 어려움을 극복하는 데 도움을 주는 것이 바로 '감격해 카드'의 감정 카드이다. 자신의 감정을 카드에서 고르는 일은 그리 어렵지 않으며, 이 과정에서 자신의 내면을 깊이 들여다볼 수 있어서 미처 알지 못했던 감정을 발견하기도 한다.

감정을 나누는 것은 마음으로 소통하는 것이다. 감정에 대해 이야기하지 않고 단순히 충고하거나 격려하는 것은 진정한 소통이 아니다. 진정한 소통은 감정을 알아차리고, 그 감정을 있는 그대로 수용하는 것이다. 이러한 의미에서 감정 카드를 활용하여 감정을 알아차리고 서로 공감하는 것은 매우 중요하다. 서로의 감정을 나누고 공감하게 되면 문제의 많은 부분이 해결되고 상대를 수용할 마음이 열리기 때문이다.

두 번째로 격려 카드를 통해 서로에게 하고 싶은 격려의 말을 골라 나눈다. 드라이커스는 "식물이 물을 필요로 하듯, 아이들은 격려가 필요하다. 격려는 아이들이 건강하게 성장하고 발전하는 데 반드시 필요하다"라고 했다. 화초에 물을 주듯 모든 아이에게는 끊임없는 격려가 필요하다. 격려를 받지 못하면 소속 감을 느끼지 못해 좌절하게 되고, 좌절한 아이는 교사를 끊임없 이 힘들게 할 수 있다. 이렇게 해서라도 소속감을 가지려는 삐 뚤어진 방법을 선택하게 되는 것이다. 학급에서 말썽을 부리며 힘들게 하는 아이가 있다면, 혼을 내기보다는 격려의 말을 해 주는 것이 더 효과적이다.

아이는 격려를 받고 기분이 좋아지면 말을 잘 듣는다. 격려 카드에는 문제 상황에 맞는 격려 문구들이 있어 이를 활용하면 큰 도움이 된다.

마지막으로 문제 해결 카드를 활용하여 어떻게 문제를 해결 할 것인지 카드에서 고른다. 지금 실천할 수 있는 해결 방법을 함께 찾는 것이다.

아이가 실수했을 때 비난하거나 수치심을 주기보다는 해결 책에 집중하도록 하면, 아이는 자신의 실수를 인정하고 스스로 해결하고자 노력한다. 예를 들어 민수는 자신의 실수를 인정하 고, 문제 해결 카드의 도움을 받아 실천할 수 있는 해결책을 열 심히 찾았다. 그리고 진심으로 사과하고 다시는 같은 실수를 반 복하지 않겠다고 다짐하며 문제를 해결하였다.

교사가 아이에게 잔소리하거나 문제를 함께 해결하지 않고 일방적으로 해결책을 제시하는 것은, 아이가 자신의 행동에 대 해 스스로 책임지고 해결하는 능력을 기를 기회를 빼앗는 것이 다. 스스로 해결책을 찾고 실천한 경험은, 교사가 제시한 해결책을 따르는 것보다 더 효과적이다.

학생들 사이에 다툼이 생겼을 때

학급 담임을 맡으면 생활지도에 가장 많은 시간과 에너지를 쏟게 된다. 학생들 사이에 갈등이 발생하면 교사는 문제의 원인을 파악하고, 잘못의 정도를 가려내어 적절한 조치를 취해야 한다. 이 과정에서 교사는 공정한 해결책을 제시하기 위해 신경을 써야 한다. 만약 교사의 해결책에 학생들이 수긍하지 않으면 교사는 더 큰 어려움을 겪는다.

'감격해 카드'는 이런 상황에서 따뜻한 격려를 통해 학생들의 자존감과 교사의 자긍심을 높이는 도구이다. 많은 문제들이 감정에서 비롯되기 때문에 서로의 감정을 이해하고 존중하는 것만으로도 문제의 대부분을 해결할 수 있다. 문제 상황에서 자신의 감정과 상대방의 감정을 되새기며 공감하고 존중함으로써, 문제를 해결하는 힘이 자신 안에서 자연스럽게 나올 수 있다. 게다가 격려의 말을 주고받는다면, 비가 온 후에 땅이 굳듯이 좋은 관계를 유지할 수 있다.

학생 사이에 다툼이 생겼을 때
감격해 카드를 활용하여 문제를 해결하는 방법

복도에 서 있는데 다른 반 아이가 달려가다가 어깨를 치고 그대로 뛰어서 자기 교실에 들어가자 쫓아가 손바닥으로 등을 치고 '왜 어깨를 치고 그냥 가냐'고 따지다 다툼이 일어난 경우

1단계 두 학생을 불러 의자에 앉게 한다.. '정중하게 대화할 수 있을 때 시작할 것'이라고 말하고 흥분을 가라앉히도록 한다. 시원한 물을 마시게 하는 것도 좋다.

"이제 정중하게 대화할 수 있겠니? 여기서 이야기할래? 장소를 옮겨서 할래?"

▶ 동의를 구하면 마음을 여는 데 도움이 된다.

2단계 문제 상황을 확인한다. 감정에서 물러나 객관적으로 살피도록 안내한다.

교사 "무슨 일이 있었는지 누구부터 말해 줄래?"

"상대방이 말을 할 때 끝까지 듣고 본인의 의견을 말하자."

"상대를 비난하는 말은 하지 말고 행위에 대해서만 말해 줘."

학생A "내가 복도에 서 있는데 B가 뛰어오더니 내 어깨를 치고 자기 교실로 들어갔어요. 미안하다는 말도 하지 않고."

학생B "화장실 갔다가 빨리 교실에 가서 학원숙제 하려고 뛰어서 교실에 들어왔는데 A가 내 등을 때렸어요. 내가 A의 어깨를 친 줄 몰랐어요."

▶ 각자의 입장에서 상황을 설명하면 내가 몰랐거나 오해했던 내용을 알 수 있고 객관적으로 상황을 살펴볼 수 있다.

3단계 감격해 카드 '감정 카드'에서 상대의 감정이 어떠할지 세 개
씩 고르게 한다.

교사 "감정 카드에서 상대의 감정과 관련된 카드를 골라 봐. 모두 골
랐니? 고마워."

"상대가 고른 감정 카드에서 내가 느낀 감정이 있으면 선택하
고, 만일 없으면 다른 카드를 선택해도 돼. 자신이 선택한 카드
로 감정을 말해 줘."

학생A 어깨를 치고 가서 '화나고' '아픈' 감정이었고, 등을 때린 것
은 '미안한' 감정이에요.

학생B : 어깨를 치고 사과를 안 한 것은 '미안한' 감정이고, 어깨를
친 줄 몰랐는데 등을 맞으니 '억울한' 감정이에요.

4단계 지금 듣고 싶은 격려의 말을 격려 카드에서 두 장을 고른다.
상대가 고른 격려 카드를 친구의 얼굴을 보고 읽어 준다.

5단계 원하는 해결 방법을 문제 해결 카드에서 고른다.

교사 "앞으로 이런 일이 없도록 각자 해결 카드에서 골라 보자."

"카드에 없으면 빈 카드에 직접 써도 돼. 자신이 고른 카드를
읽어 줄래?"

학생A 때리지 않고 말로 한다. 친구한테 사과하기, 화해하기

학생B 복도에서 뛰지 않는다. 친구한테 사과하기, 화해하기

교사 "두 사람 모두 지금 실천할 수 있는 해결책이니?"

확인하고 격려의 말로 마무리한다.

2장

행동 아래 감춰진 신념을 찾아라

수업을 하노라면 학생의 삶과 연결되는 다양한 예를 설명하며 아이들과 상호 작용을 하는 경우가 있다. 그 학급도 수업 활동 과정에서 교사와 상호 작용할 때면 교사의 말을 끊고 여기저기에서 서로 얘기하기가 바빴다. 꼭 어린 시절 오락실에 있던 두더지 잡기에서 두더지가 갑자기 머리를 내미는 것처럼 말이다.

처음에는 아이들의 말을 들어 주다가도 갑자기 통제하기에 바빴고, 통제를 하다 보면 여기저기서 볼멘소리가 들려 나를 힘들게 했다. 특히, 두 명의 남학생이 유독 거슬리게 하는 일이 잦았다. 수업 진도도 다른 반에 비해서 많이 늦었고, 여학생들은 그런 상황에 불만도 있어 보였다. 밝은 에너지를 가진 반이라 그 에너지를 잘 활용해서 수업을 하고 싶었는데, 생각처럼 되지 않았고 점점 지쳐 갔다.

그 학급의 문제를 해결하기 위해 '어긋난 목표 차트'(52쪽)를 보면서 가장 먼저 나의 감정을 살폈다. 나의 감정은 주로 '짜증과 성가심'이었고, 아이들의 목표는 '지나친 관심 끌기'였다. 이때 나는 학생이 자신이 잘못하고 있음을 알아차리게 하거나 잔소리로 훈육하는 방법을 사용했다. 하지만 그것으로는 전혀 해결되지 않았다. 긍정훈육 방법을 읽어 보고 몇 가지 방법을 시도했다. '제대로 된 관심을 받을 수 있는 일을 하도록 이끌어 준다.' 이것은 가끔 가능했다. '비언어적 신호를 정한다.' 아이들과 집중의 신호를 정했다. '작은 행동은 무시한다.' 이것도 가끔은 가능했다.

　하지만 역시 근본적인 해결책은 못 되었다. 모든 어긋난 신념의 긍정적 훈육 방법에 들어 있는 '학급회의'를 열었다. 학급회의를 통해 반 전체 학생들과 문제를 공유했고, 몇몇 학생들이 일으키는 소란 때문에 많은 다른 학생들이 수업에 방해가 된다는 것을 깨달았다. 그래서 문제 해결을 위해 수업 중 '일과 정하기'로 수업에서 바른 습관을 공유하고 제대로 지켜지지 않을 경우 학급에서 정한 규칙대로 실행하기로 하였다.

학급회의로 함께 해결하고, 함께 지켜요

　우선, '어긋난 목표 차트'를 이용하여 교사 자신의 감정과 반응을 살핀다. 그 결과 문제 아이들의 행동 목표와 어긋난 신념이 무엇인지 알아차린다. 그렇게 함으로써 학생의 행동이 어떤 신념에서 나왔는지 이름을 붙일 수 있다. 이 차트의 각 어긋난 목표 마지막 칸에 있는 긍정훈육법을 적용하여 아이들의 변화를 이끌어 보려고 노력하였다.

행동 아래 감춰진 신념 찾기

아이의 목표가	'지나친 관심 끌기' 일 때 (남에게서 지속적으로 도움받고, 관심을 얻으려 함)
교사/부모의 감정	성가시다 / 짜증난다 / 걱정된다 / 죄책감을 느낀다
교사/부모의 반응	알아차리게 한다. / 아이를 타이른다. 나 자신을 위한 일을 아이를 위해 한다.
아이의 반응	순간적으로 행동을 멈추지만 같은 행동을 반복하거나 다른 방법으로 방해한다.
아이 행동 이면의 어긋난 신념	'내가 사람들의 관심을 받을 때 또는 특별한 대접을 받을 때 나는 소속감을 느껴' '당신이 나로 인해 분주할 때 내가 중요한 사람이 된 것 같아.'
숨겨진 메시지	나를 봐 주세요. 나도 함께하고 싶어요.
긍정훈육법 (격려의 방법–권장)	아이가 주의를 끌 수 있는 다른 유용한 일을 하게 한다. "나는 너를 사랑해. 나중에 함께 시간을 보낼 수 있을 거야." 특별한 뭔가를 해 주지 않는다. 특별한 시간을 계획한다. 아이들이 일정표를 짜도록 도와준다. 문제 해결 과정에 참여시킨다. 가족회의 또는 학급회의를 활용한다. 비언어적 신호를 정한다. 말없이 안아 준다.

지속적으로 사용한 해결 방법은 '학급회의'였다. 학급회의를 통해 문제를 공유하고, 문제가 발생한 데에 모두가 책임이 있음을 확인할 수 있었다. 수업을 잘 진행하기 위해서는 문제 행동을 하는 학생뿐만 아니라 학급 구성원 모두가 같은 마음이어야 한다는 것을 알게 되었다. 이후 우리는 수업에서 지켜야 할 기본 태도를 토의했고, 내용을 기록한 문서를 게시판에 걸어 두었다.

문제점을 공유한 다음에는 수업에서 할 수 있는 바람직한 행동 습관을 정했고, 이어서 실천하기 위한 약속을 하였다. 수업 시작 전에 이 약속을 한 번씩 상기하는 시간을 가졌고, 그랬는데도 약속이 지켜지지 않을 경우 학급이 정한 방식으로 훈육하기로 하였다. 그래도 가끔 잘못하는 학생이 있으면, 우선은 말로 우리의 약속을 짚어 주었다. 이후에도 계속되면 비언어적 신호로 학생이 알아차리게 했다. 덕분에 큰 어려움 없이 수업을 잘할 수 있었다.

수업에서도 서로가 행복한 ○반 되기

현재 불편한 것 (문제)	해결을 위한 방법 (긍정)
• 목소리가 너무 커서 불편하다.	• 소근소근 목소리
• 수업 중 물 마시러 나가거나, 화장실을 가는 학생이 있다.	• 쉬는 시간에 다녀오기, 먹기
• 자기는 안 하고 다른 친구 것만 적는다.	• 수업 시간에 선생님, 친구에게 예의 지키기
• 선생님께 버릇없이 행동한다.	• 부족하면 노력하고 도움 요청하기
• 발표가 잘 안 돼서 못 적었다.	
• 떠들고 노래 부른다.	

수업에서도 서로가 행복한 ○반 되기

해결을 위한 방법 (긍정)	동의합니다!
• 수업 활동에서 소근소근 목소리	• 이곳에 학생들이 동의의 의미로 서명을 합니다.
• 쉬는 시간에 화장실 다녀오기 미리 물 먹기	
• 자기 할 것은 책임 다하기 "내가 할 것은 뭐야?"	
• 선생님, 친구에게 예의 지키기 (친절하게 말하거나 질문하기)	
• 부족하면 노력하고 도움 요청하기	

중등의 경우 교과 수업을 진행하다 보면 어느 학급은 잘 맞고 어느 학급은 수업하기가 힘들다. 수업하기 힘든 학급의 경우, 어긋난 신념을 갖고 행동하는 아이들이 많고 교사는 거기에 반응만 하는데, 이런 일이 거듭되면서 학생과 교사의 관계가 점점 더 어려워진다. 이때 교사는 관계가 힘들어지는 반, 관계가 어려워지는 학생을 간과해서는 안 된다. 우리의 수업은 학생과의 정서적 연결 없이는 배움으로 가지 못하기 때문이다. 그러면 어떻게 해야 할까?

교사는 어려움이 깊어지기 전에 문제 분석을 해야 한다. '어긋난 목표 차트'를 활용하여 문제 행동을 하는 아이들, 문제 행동이 많은 학급이 갖는 어긋난 신념, 어긋난 목표를 파악한다. 내가 했던 반응이 도움이 되지 않음을 알아차리고 차트 마지막 칸에 있는 긍정훈육법을 이용하여 아이들, 학급을 이끌어 간다.

시도의 첫걸음은 어긋한 신념 안에 있는 '숨겨진 메시지'를 마음에 품고 지내는 것도 방법일 수 있다. 문제 행동을 하는 아이를 바라볼 때 그 아이 마음속에 숨겨진 메시지를 교사가 알고 있다면, 평소와 다른 대응을 할 수 있다. 그 힘으로 한 발을 떼고 나면 그 다음 긍정훈육법을 사용하기를 바란다.

실천할 때는 혼자보다 여럿이 함께하면 좋다. 그 학급의 담임 교사를 비롯하여 학급에 들어오시는 모든 교과 교사들과 공유하며 함께 실천한다면, 엄청난 힘을 발휘할 수 있다.

3장

엉킨 감정의 실타래를
풀어 주는 의사소통 기술

3월 초, 2학년 A반 수업은 첫 시간부터 꽤 소란스러웠다. 2학년에서 소위 짱이라 불리는 재영이와 제멋대로인 민규, 이를 따르는 에너지 넘치는 친구들이 개학 첫날부터 빠르게 친해지면서 수업 분위기가 벌써 산만해진 것이다.

인사 후 미술 수업 안내를 하려는데 갑자기 민규가 교탁 쪽으로 다급하게 걸어오며 "선생님, 물 좀 마시고 와도 돼요?"라고 말했다. 새 학기 첫 시간부터 나를 만만하게 보나 싶어 "쉬는 시간에 뭐하고 수업 시작부터 물이야?"라며 비난 섞인 대응을 했지만 허락해 주었다. 민규는 자신의 목적을 달성했다는 듯 활짝 웃으며 의기양양하게 교실을 나갔다.

이후로 민규처럼 교사에게 통보하듯이 교실을 이탈하는 학생들이 점점 늘어나더니 4월이 되자 시도 때도 없이 화장실, 보건실 등의 출입을 요구해서 수업 흐름이 끊기는 심각한 상황마저 발생했다. A반의 산만한 분위기 때문에 교과 교사들은 점점 지쳐 갔다.

A반만 특별히 엄격하게 수업을 진행했고, 수업 분위기는 점점 경직되어 갔다. 점점 심해지는 몇몇 학생들의 문제 행동을 제지하려다 그들과 기싸움을 벌이는 일도 빈번히 발생했다. 그 피해는 열심히 수업에 임하려는 같은 반 친구들에게 고스란히 돌아갔다.

존중하는 의사소통을 통한 우호적인 관계 형성이 먼저다!

'다른 반보다 왜 유독 A반만 산만할까? 왜 민규와 그 친구들을 지도하기가 힘들까? 근본적으로 뭐가 잘못된 거지? 이 상황을 어떻게 해결할 수 있을까?'

학생들을 대하는 내 모습을 먼저 점검해 보았다. '기가 센' 학생들에게 '쉽고 만만한' 교사로 보이지 않으려고 자존심을 세우며 엄하게 대했던 내 지도 방식에도 문제가 있음을 발견했다.

여러 해 표현 활동 위주의 미술 수업을 하면서 내 의식 속에는 항상 '미술은 활동이 많고 위험한 도구를 사용할 때도 있어서 수업이 산만해지면 작품의 질도 떨어지고 누군가 다칠 수도 있어'라는 논리가 자리 잡고 있었다. 그래서인지 특히 산만한 A반에게 나도 모르게 엄격한 기준과 잣대를 정해 놓고, 일탈하려는 학생들은 단호하게 지도했던 것 같다.

그동안 힘들었던 내 심리 상태와 지도 방법의 문제점을 발견하니 훨씬 마음이 편해졌다. 그리고 민규를 비롯한 친구들과의 관계를 개선하고 A반 분위기를 긍정적으로 변화시키기 위해 지시와 비난이 아닌 존중하는 방식의 대화로 그 아이들에게 다가가기로 결심했다.

다음 날 아침, A반 담임 선생님에게 부탁하여 점심 시간에 민규와 재영이 무리를 교무실로 불렀다. '또 우리가 뭘 잘못했나요'라는 못마땅한 표정으로 아이들이 들어왔다. 심호흡을 한 후 평소 엄했던 모습을 내려놓고 부드러운 태도로 말문을 열었다.
"너희 도움을 받고 싶어서 불렀어. 잠시 시간 내어 줄 수 있겠니?"

그 말에 아이들은 당황하면서도 기분이 좋아 보였고 내 제안을 흔쾌히 수락했다. 그리고 교무실 둥근 탁자에 둘러앉았다.
"요즘 수업 시간마다 너희를 혼내서 속상했지? 너희 행동에는 다 이유가 있을 텐데. 그동안 너희들의 성향을 이해하지 못하고 수업을 방해한다고 엄하게만 대했어. 너희를 혼내고 나면 선생님도 힘든데 혼나는 너희는 오죽 속상했을까? 미안해."
"실은 저희도 떠들고, 허락 안 받고 화장실 간 거 죄송해요."

아이들을 배려하며 먼저 사과를 하니 의외로 아이들도 자신들이 한 행동에 대해 바로 사과했다.
"고마워. 선생님은 이제껏 너희가 내게 보여 준 행동만 보고 산만하고 제멋대로인 아이들로 단정지었는데 오늘 함께 얘기해 보니 내 입장을 잘 배려해 주는 멋진 아이들이었구나.”

　이제껏 단점만 보며 비난했던 아이들의 장점이 보이면서 격려하다 보니 아이들의 표정이 점점 밝아졌다. 내친김에 A반의 수업 분위기를 개선하기 위해 앞으로 어떻게 하면 좋을지 아이들에게 도움을 요청하고자 행동 변화를 유도하는 질문법을 사용하여 대화를 이어 갔다. “부탁이 있어. 요즘 A반 분위기가 산만해서 수업 진행이 힘들구나. 모두가 즐겁게 활동에 집중할 수 있도록 너희 도움이 필요한데, 좋은 방법이 없을까?”

　그러자 한 아이가 앞으로 수업에 더 잘 참여하겠다고 말했다. “그래, 나도 이제부터 너희의 요구를 더욱 경청하고 가능한 수용하려고 노력할게. 너희도 수업 중 개인 용무가 급할 때는 선생님한테 차분하게 알려 주겠니?” 행동 변화를 유도하는 방법을 제시하자 아이들도 기분 좋게 동의했다.

　“내 제안을 받아 줘서 고맙구나. 이전에 너희들이 큰소리로 통보하듯이 말하고 나갈 때마다 선생님이 너무 당황스러웠어. 이제부터는 통보 대신 우리만의 수신호를 만들어서 선생님한테 정중하게 요청하면 어떨까?” 구체적인 제안에 아이들은 기발한 해결책을 모색했고, 이후로는 선생님께 허락을 받은 후 행동에 옮기겠다는 약속도 했다.

　“멋지다! 단, 이 수신호는 꼭 필요할 때만 사용하자. 괜찮겠니?”

　민규가 먼저 동의하며 아이들의 답변을 유도했고 모두 동의

했다.

"선생님에게 너희와 A반 친구들은 정말 소중한 학생들이야. 그래서 수업에 피해를 주는 행동을 할 경우 누구든지 훈육을 할 수밖에 없단다. 이 부분까지도 동의할 수 있겠니?" 의견을 물으니 "네!" 하고 역시 동의해 주었다.

대화를 마치고 학생들이 나갈 때 사탕을 하나씩 건넸다. "이건 긍정적인 수업 변화를 위해 너희들이 나를 도와주는 게 고마워서 주는 내 마음의 표현이야. 미술 수업뿐만 아니라 다른 수업도 즐거운 수업이 되도록 노력해 보자. 부탁해!"

격려하기 그리고 약속 상기시키기

이후, 분위기를 산만하게 만들었던 민규와 그 친구들의 긍정적인 태도 변화를 이끌기 위해 나는 아이들의 조그만 노력에도 격려를 아끼지 않았다. "이전보다 작품 완성도가 높아졌어. 활동에 집중하려고 노력했구나!"

또 아이들에게 약속한 내용을 일관성 있게 지키려고 힘썼다. 더러 산만하게 행동하거나 교실 이탈이 유난히 심해질 때는 부드럽지만 단호하게 질문했다. "우리가 함께했던 약속이 뭐였지?" 수업 시 소란스러울 때는 "지금 무슨 시간?" 하며 짧은 문장으로 수업 시간임을 상기시켰다. 6월 무렵, 다른 교과 수업에서도 좋은 소문이 들려왔다.

"민규야, 요즘 너희 반 분위기가 훨씬 좋아졌더라. 화장실 가려는 아이들도 줄었고. 다른 선생님들도 너희 반이 차분해졌다고 말씀하시던데! 도대체 어떻게 한 거니?" 어느 날 민규와 복도에서 마주쳤고 교무실로 데리고 와서 아이들의 행동 변화를 칭찬해 주며 알아도 모르는 척 그 비결을 물어보았다.

"아, 그때 선생님이랑 약속하고 나서부터 애들이 조심하는 것 같아요. 다른 시간에도 애들 떠들면 서로서로 눈치 주고 그래요." 민규가 의기양양하게 대답했다.

"고맙구나. 나와 한 약속을 잘 지켜 줘서. 민규가 2학년 올라와서 제법 의젓해진 것 같아. 반 분위기가 좋아져서 너희들도 스스로 자랑스럽겠는데!"

2학년 부장을 하며 큰 보람을 느낀 날이었다.

적용한 긍정훈육 기술

엉킨 실타래와 같은 갈등 상황이 발생했을 때 교사가 어떻게 발문하고 대화를 이어 가면 학생에게서 긍정적인 변화를 끌어낼 수 있을까? 이럴 때 존중하는 방식의 대화법으로 학생에게 접근하면 부드럽고 원만하게 문제를 해결할 수 있다. 그리고 이 과정에서 교사와 학생 간에 유대감이 잘 형성되면 이후에 아무리 심각한 문제 상황이 발생하더라도 긍정훈육 문제 해결 기술을 적용하여 긍정적인 효과를 거둘 수 있다.

존중하는 의사소통 기술
의사소통 걸림돌을 의사소통 기술로 전환하기

• 판단하기 vs 확인하기

판단하기 '어휴, 1학년 때도 어지간히 산만하더니 그 버릇 못 고치고 아직도 제멋대로군!'

확인하기 "○○아, 너희 반 수업 분위기가 좋아졌더라. 도대체 어떻게 한 거니?"

▶ 판단 대신 애정 어린 질문을 하거나 확인할 때 학생이 문제를 어떻게 생각하고 느끼는지, 학생들에게 영향을 미치는 문제가 무엇인지 찾아낼 수 있다.

• 문제 해결 방법 설명하기 vs 함께 탐구하기

설명하기 "수업 시간에는 학습에 집중하고 쉬는 시간에 물 마시거나 화장실 다녀와야 해."

탐구하기 "모두가 즐겁게 활동하기 위한 좋은 방법이 없을까?" "더 얘기해 줄래?" "그다음은?" "그다음은?"

▶ 탐구는 의사소통을 촉진한다. 자세히 탐구할 수 있는 가장 좋은 방법은 물어보는 것이다.

• 지시하기 vs 이끌어 주기

지시하기 "잠은 쉬는 시간에 자고 수업 중에는 똑바로 앉아!"

이끌어 주기 "화장실 갈 때 조용히 손을 들어 요청하면 선생님이 허
락해 줄게."

▶ 지시 대신 학생들이 계획하고 문제를 해결하도록 이끌어 주면
스스로 결정하는 힘이 자라난다.

• 기대하기 vs 격려하기

기대하기 "이번에는 우리 반이 우승하리라 믿어."

격려하기 "정말 잘했어. 각자 최선을 다해서 모두 뿌듯하겠다!"

▶ 지나친 기대보다 학생이 이루어 낸 것과 그만의 독특한 개성을
격려한다.

• 어른의 관점으로 보기 vs 존중하기

어른의 관점으로 보기 "이런! 70점밖에 못 받았구나."

존중하기 "70점이지만, 이번 시험을 준비하면서 네가 노력하는 걸
봤어. 수고했다!"

▶ 학생이 중요하게 여기는 것과 어른들이 중요하게 여기는 것은
다를 수 있다. 존중은, 성장을 격려하고 효과적인 의사소통이 가
능하도록 수용적인 분위기를 만든다.

- **바꾸고 싶은 행동과 관련된 질문을 한다.**

  "지금 교실이 집중하기에 매우 소란스럽다고 생각하는 사람은 손을 들어 볼래요? 괜찮다고 생각하는 사람은?"

- **중요한 것은 정직하게 대답하도록 두 가지 질문을 하는 것이다.**
- **일반적으로 질문은 던지는 것만으로도 자신의 행동과 해야 할 것을 충분히 생각하게 한다.**
- **상호 존중의 분위기가 형성되면 학생들은 협력적인 태도를 보인다.**

단, 이 기술들은 교사와 학생 사이에 존중과 신뢰가 없으면 금방 효과가 사라진다. 문제 해결에만 급급하여 기계적으로 긍정 훈육 기술만을 적용하면 단기적인 효과는 있으나, 장기적으로는 학생들이 교사에게 이용당한다고 느껴 반항심을 가질 수도 있다. 그러므로 기술을 적용하기에 앞서 교사는 학생에게 관심을 가지고 있다는 믿음을 주며 우호적인 관계를 형성해야 한다.

4장

더 큰 문제를 예방하기 위해
'확인하기'

중학생이 되면 학생들은 입학 첫날부터 자신과 마음이 통하는 친구를 사귀려고 조심스럽게 새로운 친구들을 살핀다. 1학년 B반 여학생 슬기 또한 친구들과 어울려 지내기를 무척 좋아하는 학생이다. 그래서 아직 입학 전인 2월 말부터 같은 학교에 배정된 연락 가능한 모든 친구에게 카톡 메시지를 보내 비밀 단톡방을 만들었고, 그때 여학생들과 함께 C반 준수를 비롯한 남학생도 몇 명 단톡방에 초대했다. 이후로 이들은 같은 반이 아닌데도 학기 초부터 눈에 띌 정도로 몰려다니며 학교에서 급속도로 친해졌고, 서로 허물이 없어지자 복도에서 비속어를 섞어 고함치거나 거침없이 떼창을 할 정도로 지도가 어려운 무리가 되어 갔다. 그런데 5월 어느 날 아침, C반 준수가 조심스럽게 교무실 문을 열고 들어왔다. 생활지도 교사인 내게 와서는 잠시 주저하다가 슬기가 자신을 괴롭혀 학교폭력 건으로 신고하고 싶다고 했다.

준수와 슬기는 무리 중에서도 소문난 절친이다. 그런데 그 둘 사이에 학교폭력 신고라니! 놀라서 자초지종을 물었다. 주말에 친구들과 함께 간 영화관에서 슬기가 과자를 바닥에 던지고는 자신에게 '멍멍' 짖으며 주워 먹으라고 지시했다고 했다. 그래서 엄마에게 말씀 드렸더니 '이번에는 참지 말고 신고하자'고 하셨다는 것이다.

'이번에는? 그럼, 이전에 또 무슨 일이 있었단 말인가?'

흥분한 준수를 진정시키며 계속 물어보니 학기 초 친하던 여학생들에게 함부로 행동해서 관계가 틀어진 슬기는 이후 준수를 비롯한 남학생들과 더욱 친해졌다. 그런데 이들과도 편한 사이가 되자 이번에는 성격 좋은 준수에게 함부로 했고 지금까지 괴롭혀 온 것이었다.

"며칠 전에는 복도를 지나는데 갑자기 저를 부르며 제 바지 허리에 손을 넣고 잡아당겼어요. 그 바람에 바지가 반쯤 벗겨져 너무 창피했어요. 그 애는 아무리 하지 말라고 해도 막무가내예요. 슬기 때문에 학교 다니기가 싫어요."

이건 누가 봐도 학교폭력이었다. 싫다고 하는데도 자신의 재미를 위해 친구에게 지속적으로 피해를 끼쳤으니 말이다. 이야기를 끝내고 사건 접수에 필요한 사실확인서를 받은 후 준수를 돌려보냈다.

사과가 가진 부드러운 힘

교무실에서 준수가 작성한 내용을 읽어 본 후, 피해 학생과 관련(가해) 학생을 분리하는 차원에서 준수를 교실로 보내고 B반 담임 교사에게 부탁해 슬기를 불렀다.

"지난주 토요일에 영화관에서 네가 준수에게 바닥에 떨어진 과자를 입으로 주워 먹으라고 여러 차례 강요했다는 얘기 들었어. 먼저 네가 정말 그런 말과 행동을 했는지 확인하고 싶은데, 사실이니?"

"네. 그런데 친구들 웃기려고 장난으로 그랬어요. 저희는 서로 친해서 그런 장난 잘 쳐요. 그리고 준수도 제가 그러는 거 별로 안 싫어해요."

슬기는 합의하고 한 장난이었다고 당당하게 말했다. 4월부터 최근까지 준수에게 했던 문제 행동에 대해서도 사실 확인을 하니 인정하는 부분도 있고 부인하는 부분도 있었다.

"음, 그렇구나! 너는 장난이라고 생각했겠지만, 지난 두 달 동안 준수에게 한 행동들은 엄연히 학교폭력이라고 할 수 있어. 학교폭력 요건에 해당하는 '반복적이고 고의적인 심리적·신체적 피해'를 네가 준수에게 끼친 걸로 보이거든. 모두가 즐겁다면 장난일 수 있어. 하지만 누군가가 고통스럽다면 그건 장난이 아니라 폭력이 될 수 있어. 그렇다면 고통을 느낀 사람에게 즉시 사과해야 하고."

폭력 행위 자체는 처벌받아야 하지만, 슬기의 입장도 이해하려고 노력하며 객관적인 사실을 토대로 대화를 이어 갔다.

"안타깝지만 이번 사건은 피해가 명확해서 학교폭력 건으로 학생안전부에 접수될 것 같구나. 준수와의 일 중에서 혹시 너도 억울한 점이 있으면 네 자신을 변호하기 위해 사실에 근거하여 자기 변론서를 작성해 보렴."

자신의 잘못에 대하여 책임지는 모습을 보이도록 이끌며 자기 변론서를 쓰게 했다. 그날 바로 준수와 슬기가 쓴 서류를 학생안전부로 접수한 후, 시간차를 두고 학교폭력 담당 교사에게 두 학생을 보냈고 각 담임 교사도 학부모와 전화 상담을 했다.

다음날 준수의 담임 교사가 준수 어머니와의 통화 내용을 내게 전했다. 슬기가 이제까지 잘못한 일을 준수에게 진심으로 사과하고, 다시는 괴롭히지 않겠다고 확실히 약속하면 학교폭력 신고까지는 가지 않겠다는 말이었다.

아직 정식 절차를 밟은 상태는 아니어서 학교폭력 담당 교사에게 준수 어머니와 통화한 내용을 알려 주고 다시 준수를 불렀다. '진심 어린 사과와 책임 있는 행동을 하겠다는 약속'을 슬기로부터 받으면 학교폭력 신고까지 가지 않는다는 내용에 대해 엄마와 함께 의논했는지 확인했고, 준수도 이를 원한다는 것을 확인했다. 그래서 오늘 방과 후에 두 학생과 상담해도 될지 두 학부모에게 동의를 받은 뒤 준수와 슬기를 상담실로 불렀고, 담임 교사들도 임장시켰다.

"이번 문제를 해결하기 위해 준수와 슬기가 선생님과 함께해 줘서 고맙구나. 이 자리는 첫째, 준수가 2개월간 슬기에게 받았던 마음의 상처를 회복하고 둘째, 서로의 오해와 갈등을 완화시켜 주고 싶어 선생님이 마련한 자리야. 오늘의 대화를 원만하게 이어 가기 위해 내가 준비한 '갈등 완화를 위한 약속 다짐서' 양식을 사용해서 너희 속마음과 바람, 약속을 들어 보고 싶은데 괜찮겠니?"

둘 다 나의 제안을 받아들였다.

"우리가 나눈 내용을 녹음을 좀 할까 해. 이후에 너희가 약속을 잘 지키는지 선생님이 확인하고 추수 지도에 반영하기 위해 필요하거든. 동의해 줄 수 있겠니? 이 녹취는 추수 지도 때 대화 내용 확인용으로만 사용하고 이후 바로 지울 거야."

둘 다 동의해 주어서 녹음을 시작했다. 녹음한다는 것은 추수 지도 때 확인용으로 쓰려는 목적도 있지만, 대화 시 자신의 말에 대한 책임을 짐과 동시에 상대를 존중하며 예의를 지켜 말하게 하려는 목적도 있다.

1차 상담 - 화해의 시간

'갈등 완화를 위한 약속 다짐서'의 1, 2, 3번 항목을 먼저 쓰게한 후 순서대로 대화를 시작했다.

〈갈등 완화를 위한 약속 다짐서〉

1. 이번 일에 대한 나의 감정과 생각은?

2. 내가 사과하거나 사과받고 싶은 점은?

3. 친구에게 바라는 점은?

4. 서로의 갈등 완화를 위해 약속할 내용

   1) _____

   2) _____

   3) _____

약속한 내용을 잘 지키도록 노력하겠습니다.

(2주 뒤(0월 0일) 점심(1시 20분)에 추수 지도를 위한 2차 상담을 합니다.)

20   년   월   일

학번 :   이름 :   (인)

---

1. "먼저 이번 일에 대한 감정이나 생각을 각자 얘기해 보자. 누가 먼저 얘기할까?"

서로 눈치를 보며 주저하는 것 같아서 원활한 상담 진행을 위해 진행자인 내가 먼저 말을 꺼냈다.

"준수가 받은 상처가 커서 너희의 갈등 완화가 쉽지 않겠지

만, 이 시간을 통해 진심으로 사과하고, 서로를 이해하고 배려
하면 문제가 잘 해결될 거라고 믿어. 선생님도 도와줄게."

그러자 아이들도 이번 문제가 잘 해결되어 다시 즐겁게 학교
에 다니고 싶다고 얘기했다.

2. "이번 일로 사과하고 싶거나 사과받고 싶은 점 있니?

"슬기가 지난 토요일에 저한테 한 말과 행동이랑 지난주 학교
에서 바지 내린 일, 그리고 그전에도 저한테 함부로 대했던 일
들 모두 사과받고 싶어요." 준수가 사과받고 싶은 것들을 구체
적으로 말했다.

"난 장난이었는데, 네가 그 정도로 힘든 줄 몰랐어. 이제는 확
실히 알았으니까 다시는 안 그러도록 노력할게. 미안해!" 진심
을 담아 슬기가 사과했다.

슬기에게도 준수에게서 사과받고 싶은 것이 있는지 물었고,
슬기는 자기 잘못이 크기 때문에 없다고 했다.

3. "앞으로 이런 일이 다시 일어나지 않도록 친구에게 바라
는 점이 있으면 얘기해 볼까?"

"저한테 사과했지만, 아직 힘들어서 슬기랑 거리 유지를 하고 싶어요. 또 제게 욕설, 신체 접촉 안 했으면 좋겠어요. 제 물건을 허락 없이 만지거나 개인 문자도 안 했으면 좋겠어요." 준수가 슬기에게 받은 상처가 컸으므로 당분간 신체적·정신적 거리 유지를 원했다.

"이에 슬기가 이제부터 말이랑 행동 조심할 테니까 마음이 풀리면 내 인사는 받아 줄래?"라고 말했다.

"음……, 생각해 보고. 네 행동이 변하면 받아 줄게." 슬기의 말에 준수가 마음을 완전히 닫지는 않았다.

4. "서로에게 바라는 점을 '갈등 완화를 위해 약속할 내용' 란에 각자 적어 볼래?"

각자 상대방이 바라는 점을 다짐서 4번 항목인 '서로의 갈등 완화를 위해 약속할 내용' 칸에 적었다.

슬기 • 준수 마음이 편해질 때까지 거리 유지 (5m 이상)

　　　　• 준수에게 욕설이나 심한 터치를 하지 않는다.

준수 • 슬기가 말과 행동을 조심하고 예의를 지키면 학교에서

　　　　인사를 받아 주겠다.

"얘들아, 둘 다 이 자리가 많이 힘들었을 텐데, 대화에 잘 응해 줘서 고맙구나. 이 다짐서는 서로 마음을 열고 배려하며 정한 약속이니 잘 지키도록 노력해 보자."

서로 약속을 지키도록 격려한 후, 다짐서의 내용을 잘 이행하는지 여부를 확인하기 위한 2차 상담 날짜를 2주 후로 정하고 대화를 이어 갔다.

5. "잘못한 부분을 사과하고 갈등 완화를 위해 서로 약속한 지금의 감정이나 생각은 어떠니?"

"여기 올 때는 많이 혼날까 봐 걱정했는데, 선생님이 도와주셔서 제가 뭘 잘못했는지 확실하게 알고 준수한테 사과하고 조심하겠다는 약속까지 하고 나니 마음이 편해졌어요."

슬기가 솔직하게 말했고, 준수도 이렇게 대화하며 슬기의 사과와 신변 보호에 대한 약속을 받고 나니 기분이 좋아졌다고 답했다.

2차 상담 - 확인하기

> **"2주 동안 어떻게 지냈어? 서로에게 한 약속은 잘 지키고 있니?"**

2주 후 슬기가 준수에게 약속을 지키려고 노력하는 모습을 평소 목격했지만 확인 차원에서 다시 물어봤고 둘 다 한결 밝은 표정으로 긍정적인 답을 주었다. 둘 관계도 많이 부드러워져 있었다.

학교폭력위원회까지 갈 뻔한 심각한 문제였지만, 다짐서를 활용하여 교사가 차분하게 대화를 유도하며 서로의 바람과 약속을 이끌어 내고 추수 지도를 통해 의외로 쉽게 갈등을 해결한 인상적인 사례로 기억되고 있다.

적용한 긍정훈육 기술

위 사례에서 '사과하기'와 '호기심 질문법' 기술을 효과적으로 적용하여 1차 갈등을 완화시켰고, 이후 '확인하기' 기술을 활용하여 갈등이 방치되거나 더 심각해질 뻔한 2차 문제를 예방할 수 있었다. 여기서 '확인하기'는 누군가에게 어떤 것을 기억하도록 상기시켜 주기, 안내하기, (약속이 되어 있다면) 확인하기를 모두 포함한다. 이번 사례에서는 갈등 완화 이후 재발 방지를 위한 추수 지도 차원의 2차 상담을 '확인하기'라 할 수 있겠다.

[사과하기]

문제 인정하기 "그래, 내가 연필을 가져갔어."

미안하다고 말하기 "미안해. 내 사과를 받아 줄래?"

책임 있는 행동으로 문제 해결하기 "대신 내 연필 중에서 네 것이랑 제일 비슷한 것으로 하나 줄게."

What & How 호기심 질문법

존중하는 태도로 질문하면 상대방은 협력하게 마련이다. 교사는 학생들에게 '무엇을 해야 할지, 어떻게 해결할지' 질문하면 학생들은 생각할 것이고 적극적으로 참여하는 법을 실천할 수 있다.

• 무슨 일이니?

• 그 일에 대해서 어떤 느낌이 드니?

• 그 일이 일어난 이유가 뭐라고 생각하니?

• 이 문제를 해결하려면 어떻게 해야 할까?

5장

왜 침묵을 선택했을까?

침묵하는 아이는 교사에게 좌절감을 느끼게 한다.

'그 아이는 어떤 상태일까? 심한 좌절감에 빠져 있는 것일까? 아니면 단순히 자기 방어로 말을 하지 않는 것인가? 대화를 시도할까? 아니야. 그러다 혹시나 더 힘들게 하는 것은 아닐까? 우울이 깊어지면 어쩌지? 저 아이는 차라리 침묵을 하는 것이 안전하다고 느꼈을지도 몰라.'

그렇다고 그저 지켜만 볼 수는 없었다. 그래서 조심스럽게 다가가 보기로 마음먹었다.

주영이는 평소 밝은 모습으로 많이 웃고 아이들과 즐겁게 생활했다. 그런데 언젠가부터 미소가 사라지고 혼자가 되었다. 혼자 밥을 먹거나 급식을 하지 않고 교실이나 복도를 배회하는 모습이 여러 번 눈에 띄었다. 어느 날은 미술실에서 그림을 그려도 되냐고 해서 허락했다.

그러던 어느날, 마치 '도와주세요'라고 말하는 듯한 눈빛을 읽었다.

주영이의 문제에 다가가기

먼저 아이들에게 주영이의 생활이 어떤지 들어 보았다.

"주영이는 혼자만의 세계가 있어요. 그래서 가끔 아이들이 서운해하지만 주영이는 그런 걸 전혀 알아채지 못하는 것 같아요. 자기 일이 아니면 신경을 안 써요. 그래서 아이들과 점점 더 멀어진 것 같아요."

몰랐던 주영이의 모습을 알게 되었고 며칠뒤 방과 후에 대화할 수 있는 기회를 찾았다.

"요즘 학교생활 어때?"

역시 답은 침묵이었다. 하지만 멈출 수는 없었다. 이후 나의 진심을 전하고 두어 번 더 질문을 하니 주영이는 마침내 마음을 열었다.

"제가 집중할 때 무표정일 때가 많아서 그렇게 보일 수도 있어요."

"그렇지 뭔가에 집중할 때 그럴 수 있어. 자기 표정을 읽는 건 어렵지. 최근에 집중했던 것 중에 뭐가 있을까?"

"스스로 배움 프로젝트요. 제가 한 가지에 꽂히면 다른 건 안 들어와요."

"집중력이 높은 건 장점이지. 한 가지에 몰입한다는 건 쉬운 일이 아니야. 멋지네. 선생님도 뭔가에 집중하면 잘 안 들려. 그래서 간혹 선생님들이 오해도 하고. 나도 갈등을 겪었어. 어떤 친한 선생님이 말해 줘서 현실을 직감하고 깜짝 놀랐지."

"정말요?" 의외라는 표정으로 말했다.

"그래서 그 다음부터는 조심하고, 일하다가도 일단 멈추거나 아니면 급한 일이면 잠깐 마무리할 테니 조금만 기다려 달라고 하지. 그러면 '또 일에 집중하고 계시는군요?'라며 웃으면서 기다려 주지."

"저는 그런 말을 못 할 것 같아요."

"당연히 그럴 수 있지. 경험이 없으니까. 내가 걱정되는 것은 너에게 말을 걸었는데 못 들은 것을 친구들은 '주영이에게 자기가 중요한 사람이 아닌가?' 이렇게 생각할 수도 있다는 거지. 그래서 네 상황을 이해할 수 있게 설명을 해 주면 좋을 것 같아. '너를 존중하지 않아서가 아니라 내가 무언가에 집중했을 때는 다른 사람이 하는 말을 잘 못 들어' 하고 말이야."

"그럴 수 있겠네요. 그래서일까요? 아이들이 어느 순간 나를 불편해 하는 것 같았어요." 한참 망설이다가 말을 이었다. "사실 규연이도 그래서 저에게 서운했겠다는 생각이 드네요. 이제 생각해 보니……."

그동안 있었던 일 중에 일부분을 이야기했다. 자신하고 성격도 다르고 생각도 달라서 2학년 학기 초에 학생회 일로 감정의 골이 깊어졌다. 규연이는 성격이 좋고 주변 친구들을 잘 챙기는 성격이라 학년에서 일진, 문제아, 센 아이들과도 잘 지내고 현재 학급에 현선이가 있어서 그 친구와 어울리면서 더 멀어졌다고 하였다. 1학기 동안 그렇게 힘들었으면서 왜 도움을 요청하지 않았냐고 물으니 한참 뒤에야 입을 열었다. 도움이 안 될뿐더러 자신만 힘들어질 것 같았고, 1학년 때 현선이와 얽힌 아이들이 지금도 힘들어 하는 걸 봐서 그냥 혼자 있는 게 낫겠다고 생각했다고 하였다.

혼자 있는 걸 좋아하고 그것을 편하게 생각하지만 어떤 부분에서는 외롭고 힘들기도 할 것이다. 그래서 규연이에게는 마음을 전해 보는 것이 어떨까 제안했다. '지금처럼 생활하는 것은 힘든 일이다. 혼자서는 공동체 속에서 살아가기가 힘들고, 소속감을 갖지 못한다는 것은 더욱 힘든 일'이라고도 말해 주었다. 시간이 지나면 기억에서 흐릿해지겠지만, 현재의 고통, 외로움, 두려움은 생각보다 위험하다. 적어도 규연이하고의 오해는 풀자고 해 보았다.

"네 마음을 정중하게 전달하고 혹시나 나의 부주의로 상대방이 상처를 입었다면 사과도 할 수 있지. 진심 어린 사과는 인간다움을 회복하는 과정이야. 그래야 앞으로 건강하게 살아갈 수 있지."

"그러면 후회가 안 남을까요? 사실 선생님 말씀 듣고 좀 의아했어요. 여러 사람들과 어울리는 것보다 혼자 있고 싶어 하는 걸 좋아하기 때문이라는 말씀요. 무뚝뚝하다, 관계에 소극적이다, 어울리는 법을 배워야 한다, 이런 말씀 안 하셔서 좋았어요. 해 볼게요."

대사를 정리하고 역할극도 해 보았다.

"네가 내게 말을 걸었을 때 내가 얼굴도 보지 않고 대답도 안 하고 그런 일이 반복되었으니 네가 많이 당황하고 기분 나빴을 거야. 내가 너를 무시한다는 생각도 들었을 거고, 화도 많이 났을 거야. 내가 나의 행동을 돌아보니 무례했고 너한테 상처가 되었을 거야. 너무 큰 실수를 했어. 정말 미안해. 내가 무언가에 집중하고 있을 때는 누가 하는 말이 잘 안 들리거든. 마음 풀릴 때까지 기다릴게. 내가 그런 실수를 반복하지 않도록 도와줘. 부탁해! 다시 한 번 말할게. 정말 미안해."

연습은 했지만 쉽지는 않을 것이다. 스마트폰에 녹음하고 연습하면 용기를 얻을 수 있지 않을까 나의 생각을 전달하고 어떠냐고 물으니 한결 밝아진 표정으로 웃었다. 그리고 자신의 감정과 생각을 전달하고 본인의 행동이 타인에게 상처가 될 수 있다는 것을 인정하고 사과하겠다고, 도움을 요청하며 노력하겠다고 약속하였다.

한 주가 지났다. 교실에서 주영이는 한결 밝은 표정이었다. 쉬는 시간에는 아이들과 짧은 대화를 나누기도 했다. '잘 해냈구나' 하고 표정으로 서로 대화를 하고 엄지척을 해 줬다. 그 후로 미술실을 찾는 일이 뜸해졌다.

적용한 긍정훈육 기술

여학생 간에 일어나는 악성 댓글, 따돌림, 괴롭힘 등은 증거 확보가 어렵고, 심리적·정서적 피해가 심각한 사회 문제이다. 피해 학생은 학교생활에 지장을 받고, 심각한 경우 우울증까지 겪는다. 그 학생에 대한 나의 생각은 가지고는 있되, 겉으로 표현하지 않고 그 아이를 들여다보면 지금 사례처럼 내가 미처 생각지 못한 부분이 나타나기도 한다. 그래서 교사는 민감성을 장착해야 한다. 항상 세심하게 관찰하고, 경청하고, 깊이 공감하고, 격려해야 한다.

또 학생이 자기 안에 이미 문제를 해결할 자원을 가지고 있음을 믿어야 한다. 내가 '나'를 만난다는 것은 '자기 객관화'이며, 관계의 문제에서 타인과 자신의 시각 차이를 이해한다는 뜻이다. 나아가 이것은 문제나 갈등을 해결할 때 반드시 필요한 부분이다. 저마다 생존 모드를 장착하고 있다. 두렵고 무섭기 때문일 것이다. 특히 청소년기에 자신이 어떤 그룹에 속해 있나 속해 있지 않나를 고민하는 순간 비극이 시작된다고 했듯이 소속감은 아이들에게는 정말 중요한 일이다.

어긋난 행동으로 보고 문제 행동으로만 보아서도 안 된다. 그들은 안전을 확보하고, 살아남기 위해 어긋난 신념을 갖게 될 뿐이다. 아이가 아니라 행동에 초점을 맞추고 보고자 노력하면 모든 문제의 출발이 수월해진다. 지금, 여기에 머물러 아이를 있는 그대로 받아 주고 이해하며 함께 앞을 보며 대화한다는 것은 매우 고귀한 일이다.

그래서 아이와 대화하면서 협력 전략 4단계로 대화를 진행하였고, '너와 나 대화법'과 '실수에서 회복하기 3R'을 적용하였다.

서로가 승리하는 협력 전략 4단계
1단계 : 아이의 감정을 이해하고 있음을 표현하기
2단계 : 감정이입 보여 주기. 무조건 용서하라는 것은 아니다.
3단계 : 당신의 진짜 감정 들려주기
4단계 : 아이가 해결 방법에 초점을 맞추도록 해 주기

너와 나 대화법
효과적인 소통을 통해 관계를 개선하고 문제를 해결하는 방법으로

상대방의 감정을 읽어 주고 나의 감정 말하기

1. 너의 감정 읽어 주기

   "내가 ~해서 네가 ~했지? [행동(사실)+감정]

2. 나의 행동과 감정(상황) 표현하기

   "나는 ~할 때 ~해 [행동(사실)+감정(상황)]

실수에서 회복하기 3R

1. Recognize(인정)

   "내가 실수를 했어."

   - 자신의 실수를 인식하고 어떤 행동이 문제였는지를 이해하는 단계로, 자신의 감정과 행동을 되돌아보는 것이 중요하다.

2. Reconcile(화해)

   "내가 사과할게."

   - 실수 때문에 발생한 갈등이나 상처를 치유하는 단계로, 상대방과의 관계를 회복하고, 감정을 공유하여 서로를 이해한다.

3. Resolve(해결)

   "함께 해결 방법을 찾아보자."

   - 문제를 해결하고, 같은 실수를 반복하지 않도록 구체적인 행동 계획을 세우는 단계로, 긍정적인 변화를 이끌어 낼 수 있다.

   '서로가 승리하는 협력 전략 4단계'에서 '2단계'가 가장 어렵다. 감정을 이해하고 공감해 주는 2단계는 교사가 진심으로 다가가지 않으면 아이들은 본능적으로 느낀다. 그래서 교사의 경험을 공유하면 공감이 더 깊어질 수 있고, 이해받는 느낌이 들기 때문에 적용했을 때 감정이입이 되었던 소중한 경험을 하였다.

'너와 나 대화법'과 '실수에서 회복하기 3R' 두 가지를 혼합 적용하여 상대방의 감정을 읽어 주고, 나의 행동에 대한 실수를 사과하고, 행동 수정에 도움을 요청하는 진심을 담아 정리하고, 연습을 하는 과정이 문제 해결에서 가장 핵심이다. 쉽게 받아들여지지 않을 때도 있다. 그러나 역할극으로 한번 얘기해 보고 나면 자신감을 얻게 되고, 시도할 수 있는 용기까지 얻을 수 있다.

이번에 나는 아이가 보내는 암호를 잘못 해독한 터였다. 만약에 그런 상황에서 섣불리 판단하고 대화를 계속 이어 갔다면 큰 실수를 했을 것이다. 그러면 아이는 '선생님이 내 말은 들으려고도 않고 자신이 생각한 대로만 판단한다'고 느낄 것이고, 그 또한 아이에게 상처가 되었을 것이다. 더불어 '어른은 묻지 않아도 다 안다'는 넘겨짚기 잘하는 사람들이라는 잘못된 경험과 학습을 하게 될 것이다. 그러면 결과는 불 보듯 뻔하다. 아이는 더 굳게 입을 다물고 만다.

학급긍정훈육을 배운 덕분에 그나마 내 생각을 잠시 머릿속에 가지고만 있고, 아이의 생각을 먼저 묻는 질문으로 이어 갔기에 잘 해결되었다고 생각한다. 어른이 하는 넘겨짚기는 필요 없었다. 내 질문에 내놓은 아이의 대답만으로 충분했다. 그것만으로 아이의 생각을 알아차릴 수 있었고, 나아가 아이의 행동 변화를 이끌어 낼 수 있었다.

6장

선생님을 조종하려는 아이

머리 좋고 공부는 잘하는데, 학급 분위기를 망가트리면서 선생님 머리 꼭대기에 앉아 조정하려는 아이, 성윤이와 수업으로 만났다. 할 수 있는 정도만 해 놓고 주변 아이들과 얘기하며 수업을 방해하거나 무시하는 태도로 수업 분위기를 망치고 아이들이 수업에 집중하기 어렵게 만든다. 나서서 하지는 않지만 뒤에서 아이들을 살살 부추겨 학급 분위기를 망쳐 놓았다.

수업을 마치고 나면 수업 분위기를 잡지 못한 나 자신에게 화가 나서 수치스러움을 느끼기도 했다.

'이 아이와 잘 지낼 수 있을까? 잘 가르칠 수는 있을까?' 질문에 질문으로 꼬리를 물다가 문득 나의 감정을 살폈고 나의 이 감정이 태도가 되면 안 된다는 생각이 들면서 행동 뒤에 숨겨진 어긋난 신념을 탐색했다. '힘의 오용일까? 주목받고 싶은 것일까? 불안감에서 비롯된 것은 아닐까?'

이어서 나는, 그 아이가 자신의 감정과 상황을 알아차리고 자신의 모습을 직면할 수 있도록 도와주어야겠다고 다짐했다.

아이와 연결되기

첫 단계, 아이의 감정과 생각 들여다보기
두 번째, 어긋난 신념 찾기, 낙담의 씨앗 찾기, 부모와 상담하기
세 번째, 긍정훈육 기술 적용하기

가장 중요한 것은 아이와 연결되기이다. 담당 교과 시간은 물론 교내에서 우연히 마주칠 때에도 인사를 나누며 일상의 이야기를 나누었다. 그러면서 오늘은 기분이 어떤지 꼭 물었다. 그리고 이유와 함께 생각을 탐색했다. 그렇게 인사를 가장하여 지속적으로 관계 맺기를 하였다. 또 한 가지는 미술시간에 격려와 과정 피드백으로 성윤이의 능력과 자존감을 세워 주었다. '아이디어 발상이 신선하고 인상적이다. 이렇게 표현한 이유가 있

어? 전달하려는 주제 의도가 확실하네' 등 아낌없이 표현했다. 그러자 점점 집중도 잘하고, 수행해야 할 과제가 생기니 방해하는 행동도 줄었다.

그 즈음, 성윤이가 미술실로 나를 찾아왔다. 쭈뼛쭈뼛하며 한 번도 보이지 않았던 수줍은 얼굴을 하고 있었다. 성윤이는 그동안 그린 만화라며 스케치북을 내밀었다. 한 장 한 장 넘기는데 감탄만 나왔다. 모두 창작인 데다, 인체 그림 중에서도 가장 그리기 어려운 동작과 표정들이 스케치북에 가득했다. '천재다!' 뒤통수를 얻어맞은 것 같았다.

성윤이의 말을 정리하면, 그림이 좋아서 그림 전공을 하고 싶은데 부모님은 공부만을 강요하신단다. 성적이 좀 떨어지면 만화 때문이라며 그림 그리는 모습을 보실 때마다 엄청난 잔소리를 퍼부으신단다. 심지어 아빠는 성윤이를 향해 '실패한 인생, 정신 상태가 글러 먹었다'라는 말까지 하셨단다.

낙담의 원인을 찾은 듯했다. 자신이 좋아하고 잘할 수 있는 것을 무시하면서 학업만 강요하는 부모님께 화가 나 있었다. 그래서 자신을 증명이라도 하듯 수업 시간과 학생들 사이에서 그런 식으로 존재감을 드러냈던 것이다. 어긋난 신념, 힘의 오용, 부모님을 향한 보복이었다. 그런 부모님을 어떻게 생각하냐고 물었을 때 돌아온 답에서 그래도 희망을 보았다. 엄마 마음은 알지만 그림 그리기를 쓸데없는 짓이라고 폄하하는 것은 용서가 안 된다고 했다.

성윤이와 나는 그림이라는 연결고리로 신뢰감을 쌓았다.

"솔직하게 말하면, 그림이나 창의성이 선생님보다 낫다. 선생님은 너 정도 못해. 전공을 하면 좋겠다. 그렇지만 엄마, 아빠와 대립각을 세우면 오히려 더 힘들지 않을까? 너의 마음을 잘 전달할 수 있는 방법을 찾아보면 좋을 텐데."

"제 맘대로 살려고요. 저는 이미 글렀어요."

방법을 강구하고 부모님께 천천히 믿음을 보여 주자. 감정적으로 대립하는 것은 손해고 화를 낼수록 자신의 몸과 마음도 상처받지 않냐고 했더니 생각하는 모습을 보였다. 그리고 공부를 안 하겠다는 것은 책임을 회피하는 비겁한 행동이다. 아빠도 많이 화가 나서 한 말씀이지만 그 상황의 기억을 떠올리면 그 마음도 이해할 수 있지 않느냐 물어보았다. 만약 네가 아빠 입장이라면 어떨 것 같냐고 물었더니 한참을 생각하더니 그럴 수 있을 것 같다고 하였다.

충분히 시간을 갖고 얘기하니 통했다. 그리고 약속을 정했다. 공부 열심히 하기, 성적 올리고 진로에 대해 진심으로 얘기하기! 이렇게 해결 과제에 대해 합의점에 도달했다.

인정받고 싶어 하는 아이

어머님과 통화를 하였다. 성윤이의 마음을 전달했고 어머님의 마음도 살펴 드리니 미술 실력을 객관적으로 말해 달라 하셨다. 성윤이의 재능과 창의성을 설명하고 실력은 믿어도 된다고 말씀드리니 고민해 보겠다 하셨다.

며칠 뒤 성윤이를 다시 만났다. 이번에는 수업 태도에 대한 이야기를 나누었다. 성윤이는 자기도 그러면 안 되는 줄 아는데 학교 오면 아이들과 행복하고 재밌어서 그랬다고 했다. 그러더니 담임 선생님과 교과 선생님들에 대한 불만을 쏟아냈다. 학급 운영하시는 면이 이해가 안 되고, 말씀도 기분 나쁘게 하신다. 건의를 해도 받아 주시지 않는다. 공평하지 않고 자기한테는 말씀도 함부로 하시고 그래서 자기도 막 나갔다고 했다.

성윤이에게 내 의견을 조심스레 전했다. "강단 있고 결정력도 좋고 자신감 넘치는 모습 보기 좋아. 너의 강점이지. 그런데 동전의 양면처럼 반대로 보면 어떤 모습일까?"

"예의 없고 제멋대로 막 나가는 학생으로 볼 수 있겠네요."

"성윤아 강점을 더 빛나게 하다 보면 자신의 약점도 긍정적으로 성찰할 수 있어. 자신을 사랑할 줄 알게 되고, 다른 사람도 사랑할 수 있게 되지. 누구나 인정받고 사랑받고 싶단다. 사랑을 받으면 중요한 사람이라는 생각이 들고, 그 공동체에서 소속감을 느끼게 된단다."

성윤이도 생각을 하는 듯했다. 그동안 성윤이는 인정받지 못할 것에 대한 두려움이 컸다. 그래서 자신의 가능성을 차단하고 공동체 기여 역시 포기하는 그런 부정적인 태도를 보인 것이다.

아름다운 동기를 찾고 긍정적 변화의 시동을 걸었다. 다음과 같은 활동을 통해 다지기를 하였다. 자신의 약점이라고 생각한 것을 시각을 바꾸어 장점으로 보는 도넛 활동과 사람들과의 관계에서 어떤 말과 행동을 실천해야 행복할 수 있는지 '양동이 채우기' 토의 토론을 하였다. 더불어 상호 존중할 수 있는 배움의 기회를 만들고자 학급 전체 모둠활동으로 긍정의 나무 만들기 활동을 하였다.

이후 성윤이는 눈에 띄게 달라졌다. 학급 활동마다 적극적으로 참여했고, 체육대회 때는 걸개그림을 완성도 높게 그려 냈다. 여름 방학부터는 미술 학원에 다녔고 미술을 전공하게 되었다. 교사들을 힘들게 했던 아이가 맞을까 싶을 정도로 변했다. 문제 행동을 일삼는다고 낙인찍을 것이 아니라 어긋난 신념을 찾아내 정확히 무엇을 해야 할지 가르쳐 주는 것이 얼마나 중요한 지 깨달았다.

적용한 긍정훈육 기술

행동을 변화시키기 위해서는 모든 행동 뒤에 놓인 긍정적인 의도를 바라볼 줄 알아야 한다. 그래서 먼저 '관계, 연결되기'를 적용하여 성윤이 마음을 열었다.

▶ 관계, 연결되기

- 잘하고 있는 것, 노력하고 있는 것에 주목하여 마음 전달하기
- 행동에 대해 구체적으로 말한다.
- 빛나는 씨앗 찾기, 싹 틔우기에 필요한 요소와 실천할 과제 정하기
- 당연하게 하고 있는 것들을 주목하여 긍정의 믿음을 선물하기

▶ 알아차림을 위한 질문 대화 (혹시라는 질문을 통해 행동 뒤 숨겨진 목표 찾기)

- 혹시 모두에게 네가 이런 사람이야 라고 보여 주고 싶은 것이 아닐까?
- 혹시 네가 상처받은 만큼 다른 사람들에게 상처를 주려는 것은 아닐까?
- 혹시 그림만큼은 최고라고 인정받고 싶은 것이 아닐까?
- 혹시 다른 사람들이 너에게 한 일에 대해 죄책감을 느끼고 미안해 하도록 만들고 싶은 것은 아닐까?

▶ 나 알아차림, 공동체 세우기(학기 말 자투리 시간 운영)

- 도넛 활동으로 나의 단점을 강점으로 리프레이밍하기 – 실수로 구멍이 생긴 도넛을 버릴 것인가? 토핑을 얹어서 꾸밀 것인가?
- 『양동이 아줌마가 들려 주는 날마다 행복해지는 이야기』 그림책 토의 토론 활동 – 양동이를 채운다는 의미는 무엇 일까? 삶을 더욱 의미 있게 만들고자 한다면 어떻게 양동이를 채울 것인가?
- 긍정의 학급나무 만들기 – 뿌리(내가 가진 씨앗), 줄기(튼튼하게 성장을 위한 버릴 것과 채울 것 찾기), 잎(실천할 수 있는 말과 행동)

나를 업그레이드하기(명품 도넛 만들기)

(◯◯)중학교
(**1**)학년 (**3**)반
이름: (◯◯◯)

◈ 자신의 단점(자신에 대해 마음에 안 들거나 고치고 싶은 점) 3가지를 도넛 안에 써 보세요.

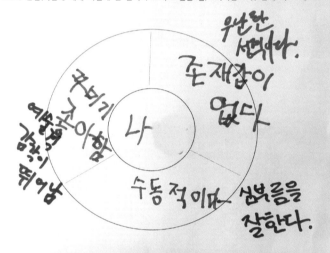

◈ 도넛 안에 쓴 친구의 단점을 읽어 보고 장점(긍정적인 표현)으로 바꾸어 주세요.

◈ 친구들이 써 준 긍정적인 표현들을 읽고 나를 업그레이드 하기 위한 다짐을 써 봅시다.
내가 예술감각이 뛰어나다고 하니까 예술적인 것을 도전해보자!
무난한 성격을 조금씩 바꿔봐야지! 그리고 나는 시키면 다 열심히
잘하니까 힘내보자!

▲ 도넛 활동지

112

| 나와 타인의 양동이 채우기 | ( )중학교
--- | --- | ---
| [그림책 - 『양동이 아줌마가 들려주는 날마다 행복해지는 이야기』] | ( )학년 ( )반
| | 이름 : ( )

활동 방법

1. 자신과 친구들의 양동이를 채우기 위해 내가 실천할 수 있는 일 적기, 적은 다음에 모둠별로 발표하기
2. 친구의 양동이에 '서로 용기를 주는 격려'의 말 써 주기

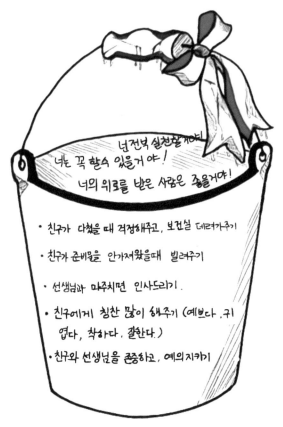

너 전부 실천할꺼야!
너는 꼭 할수 있을거야!
너의 위로를 받은 사람은 좋을거야!

- 친구가 다쳤을 때 걱정해주고, 보건실 데려가주기
- 친구가 준비물을 안가져왔을때 빌려주기
- 선생님과 마주치면 인사드리기.
- 친구에게 칭찬 많이 해주기 (예쁘다, 귀엽다, 착하다, 잘한다.)
- 친구와 선생님을 존중하고, 예의지키기

▲ 나와 타인의 양동이 채우기

▲ 긍정의 학급 나무 만들기

불안감은 우울을 만들고 두려움을 만든다. 이런 감정들은 내 자신을 위축시키고 방어적으로 만드는데, 이는 나를 보호하기 위한 감정이기도 하다. 이런 두려움의 밑바닥에는 소속되고 싶고, 존재를 인정받고 싶은 마음이 있다.

십 대들은 어른에게서보다 친구들에게서 인정받는 것을 더 중요시한다. 그런 십 대 아이가 교사에게 도움을 요청할 때는, 본인의 두려움을 더 이상 스스로 감당할 수 없어서일 것이다. 실수나 실패를 너무 두려워하지 않도록 그런 경험이 더 단단하게 성장하는 데 도움을 줄 것이라는 믿음을 주자. 문제 행동을 그릇되다 나무라지 말고, 그 나이 때는 많이들 그렇게 한다고 실패를 담담히 인정하는 맷집을 키워 주자. 우리가 할 수 있는 일은, 아이의 경험을 온전히 이해하고 공감해 주는 것이다. 그래야 우리는 아이가 처한 상황을 잘 이겨 낼 수 있도록 용기를 불어넣어 줄 수 있다. 우리가 할 수 있는 이것이 최선이다.

아이의 성격 리프레이밍 표

단점	긍정적인 관점으로 보면
감정 기복이 심하다	표현력이 풍부하다
거절을 못한다	친절하다 · 타인을 배려한다 · 사려가 깊다
겁이 많다	신중하다 · 조심성이 많다
고집이 세다	결단력이 있다 · 자신의 의견을 확고히 한다
까다롭다	세심하다 · 기준이 높다
나서기 좋아한다	자신감이 있다 · 활발하다
낯선 것이 두렵다	안정감을 중시한다 · 신중하다
냉정하다	합리적이다 · 논리적이다
눈물이 많다	감정 표현이 풍부하다 · 민감하다
눈치를 본다	감수성이 깊다 · 공감 능력이 있다
느리다	여유가 있다
다혈질적이다	열정적이다 · 활기차다
만사태평하다	마음이 여유롭다 · 사고가 긍정적이다
말이 많다 · 시끄럽다	활발하다 · 에너지가 넘친다 · 시선을 끈다
말이 없다	사려가 깊다 · 조용한 관찰자다
사교성이 부족하다	내향적이다 · 심사숙고한다
산만하다	호기심이 많다 · 창의적이다

단점	긍정적인 관점으로 보면
성급하다	의사 결정과 행동이 빠르다
소극적이다	조심성 있다 · 신중하다
소심하다	신중하고 생각이 많다 · 판단을 신뢰할 수 있다
수동적이다	관찰력이 뛰어나다 · 이야기를 잘 들어 준다 · 차분하다
예민하다	예술적 감각이 뛰어나다
오지랖이 넓다	사려가 깊다 · 관심이 많다
우유부단하다	다양한 관점을 고려한다 · 생각이 유연하다
융통성이 없다	원칙을 잘 지킨다 · 신념이 강하다
자존심이 강하다	자신감이 넘친다 · 자기 주장이 뚜렷하다
존재감이 없다	조용하고 사려가 깊다 · 신중하게 행동한다
지기 싫어한다	자신의 의견이 확고하다 · 협력을 중시한다 · 목표가 있다
진지하다	책임감이 강하다 · 신중하다 · 실수가 적다
집중력이 부족하다	유연하다 · 관심이 다양하다 · 창의적이다
집착한다	집중력이 강하다 · 목표에 대한 열정이 넘친다
충동적이다	열정적이다 · 즉각적인 반응을 보인다
포기를 못한다	끈기가 있다 · 결단력이 강하다
흥분을 잘한다	열정적이다 · 감수성이 풍부하다

3부

예방편_
일상적 훈육

1장 이런 친구가 되고 싶어요!

2장 공감 능력! 키울 수 있을까?

3장 서로 존중하는 의사소통의 마법

4장 교사와 학생이 함께 웃는 일과 만들기

5장 실수를 딛고 성장으로 한 걸음

6장 내가 먼저 솔선수범하는 마중물 되기

7장 다름을 존중해요!

8장 모두가 동의한 규칙일 때 행복해요

9장 마음을 키우는 감정 조절

10장 흔들리며 꽃피우는 학급회의

11장 Don't 대신 Do, 긍정 표현 사용하기

1장

이런 친구가 되고 싶어요!

프로젝트 활동을 하려고 모둠 편성 뽑기를 했다. 교실은 저마다의 중얼거림으로 시끌시끌했다.

"제발 3모둠만 아니게……. 아싸! 난 2모둠."

"3모둠 아니면 다 돼. 우우 떨린다. 우왓! 5모둠. 그렇지 나만 아니면 돼."

"점점 3모둠 될 확률이 높아지잖아? 아, 제발 3모둠만 피하자."

"우이쒸! 3모둠. 선생님 저 바꿔 주세요. 지난번에도 박주호랑 같은 모둠이었어요."

주호는 학급에서 친구들과 원만한 관계를 형성하지 못하는 아이다. 모든 아이들이 주호와 같은 모둠이 되는 것을 싫어하는 상황에서 모두가 만족하는 학습 환경을 구축하기란 참 어렵다. 이때 교사가 할 수 있는 말은, 친구 사이에서 기본적인 예의를 지키고 서로 배려하자는 말밖에는 할 수가 없다. "기본 예의를 지키자", "같이해야지, 같은 반 친구인데. 항상 네가 좋아하는 친구하고만 모둠이 될 수는 없는 거야".

친한 친구 사이에서도 '꺼져, 뒤질래?, 나대지 마라' 등 비속어를 사용해야 친근감과 동질감을 느끼는 분위기에서 이토록 부드러운 교사의 말은 아무런 힘이 없다.

우리 아이들이 교실 속에서 친구들과 건강하게 상호작용을 하기 위해 가장 필요한 것은 안전함이다. 교실 속 안전함은 교사의 일방적 지시나 훈계로 이루어지지 않는다. 구성원과의 원만한 관계를 형성하는 데서 비롯되며, 이를 위해 필요한 것이 바로 '친구들에게 다양한 성향이 있음을 알아차리고 있는 그대로 존중하기' 사회적 기술이다.

이런 교실 분위기가 만들어지는 것은, 다양한 유형의 친구들을 대하는 사회적 기술이 부족해서이다. 그러므로 교사는 학생들 사이에서 일어나는 문제나 학생 서로간의 차이점을 극복할 수 있도록 방법을 알려 주고 나아가 그 방법을 직접 실천할 수 있는 기회를 최대한 많이 만들어 주어야 한다.

적용한 긍정훈육 기술

활동

활동명 : Dream Friends(꿈같은 친구)

목적 : 친구로서 타인에게 어떤 영향을 줄 수 있는지 고민하면서 건
전한 공동체를 형성할 수 있는 사회적 기술을 습득한다.

준비물 : 4절 도화지, 유성사인펜, 메모지, 캘리그라피 엽서, 사람
모양 이모티콘

소요 시간 : 45분(시간 활용이 능숙해지면 90분)

활동 인원 : 4인 한 모둠

활동 : 3단계로 구성되며 각각의 단계를 분절적 또는 통합적으로
모두 활용 가능하다.

1단계 - 차가운 말 & 따뜻한 말

1. 4인 한 모둠을 편성한다.
2. 학교생활을 하면서 최근에 들었던 차가운 말과 따뜻한 말을 생
각해 본다.
3. 모둠원과 함께 생활에서 흔히 접하는 차가운 말과 따뜻한 말을 공
유한다.
4. 차가운 말은 공개해도 불편하지 않을 정도의 수준만 공유한다.
5. 모둠에서 찾은 차가운 말, 따뜻한 말을 모두 모아 전체 공유한다.
6. 차가운 말을 들었을 때와 따뜻한 말을 들었을 때에 느꼈던 기분
이나 감정을 나눈다.

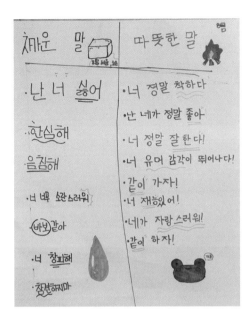

7. 나는 최근 따뜻한 말을 얼마나 사용했는지 살펴보고 언어의 온
   도계를 측정해 본다.

8. 전체적인 온도계를
   보면서 느낀 소감을
   나눈다.

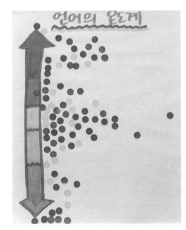

2단계 - 따뜻한 말의 위대함

1. 4인 한 모둠을 편성한다.

2. 비난받는 친구가 처할 수 있는 어려운 상황을 제시한다.

3. 모둠원 중 A가 공동 제작한 모둠 결과물을 실수로 망가뜨려 모둠원들에게서 심한 질책을 받고 상처를 입었다.

4. 상처받은 A에게 어떤 말을 건네면 좋을지 이야기 나눈다.

5. A 역할 한 명, 모둠 구성원 세 명 역할을 정한 후 실제 상황이라 가정하고 역할극을 한다.

6. 각 역할별로 모두 소감을 나눈다.

3단계 - 나는 이런 친구가 되고 싶어요!

1. 4인 한 모둠 또는 개별 활동으로 진행한다.

2. 내가 생각하는 꿈같은 친구는 어떤 친구인지 이야기를 나눈다.

3. 내가 꿈꾸는 친구를 바탕으로 나는 어떤 친구가 되어 주고 싶은지 이야기를 나눈다.

4. 캘리그라피 엽서에 사람 모양을 추가한 활동지에 어떤 친구가 되어 주고 싶은지 간단한 글로 표현해 본다.

5. 모둠 공유 후 소감을 나눈다.

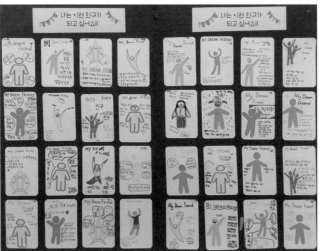

▲ Dream Friends 활동지

이런 친구가 되고 싶어요!

1단계 - 차가운 말 & 따뜻한 말

 차가운 말은 여러 가지 사례가 많아 빨리 작성하는데, 따뜻한 말을 작성하는 데는 사례를 찾기 어려워 시간이 오래 걸린다. 그럴 경우 교사는 그냥 생각해 보라고 강요하지 말고 드라마나 영화에서 들었던 말도 생각해 보라고 제안한다. 특히, 차가운 말을 표현할 때는 전체 친구들이 듣기에 불편하거나 지극히 사적인 영역에 해당하는 말은 공유하지 않도록 당부한다. 자칫 누군가에게 이 활동이 상처로 남을 수 있기 때문이다.

 이 지점에서 학생들은 주변 친구들에게 상처 주는 차가운 말들을 아무런 생각 없이 습관적으로 하고 있었음을 스스로 깨닫는다. 이것을 언어의 온도계에 직접 스티커를 붙여 보면 우리들의 언어 스타일을 한눈으로 확인할 수 있다.

 언어의 온도계를 통한 성찰 부분에서는 우리 주변에는 차가운 말과 따뜻한 말이 어느 정도 비율인지 먼저 생각해 본 후 언어의 온도계에 측정된 온도를 서로 비교하면서 대화를 이어 가면 좋다. 차가운 말의 비율이 많음에도 언어의 온도계가 차갑지 않은 이유에 대해 이야기를 나누어 보기를 권장한다.

2단계 - 따뜻한 말의 위대함

 이 활동의 핵심은 역할극이다. 따뜻한 말이 친구에게 위로와 격려가 된다는 사실을 모르는 친구는 없다. 더구나 차가운 말로 친구에게 상처 주고 싶은 마음을 가진 아이는 더더욱 없다. 다만 따뜻한 말보다는 차가운 말이 주변에서 더 많이 오고 가다 보니 차가운 말이 익숙해 친근하게까지 느껴져 따뜻한 말을 하기가 괜스레 어색하고 편안하지 않기에 자연스럽게 나오지 않는 것이다. 이 어색함을 깨기 위해서는 우리 아이들의 교실을 따뜻한 말로 가득 채워 차가운 말을 녹여야 한다. 즉 따뜻한 말이 아이들의 입에서 살아 움직일 수 있는 환경을 제공해야 한다. 그 환경을 만들어 가기에 가장 효과적인 방법이 역할극이다.

긍정훈육의 '상처받은 영대' 활동을 기반으로 하였고, 모둠 활동에서 흔히 일어날 수 있는 상황을 제시한 후 따뜻한 말의 위대함을 느낄 수 있도록 안내한다. 모둠 활동 결과물을 망가뜨렸다고만 상황을 제시하면 학생들은 당연히 화나고, 비난받아야 하는 것 아니냐는 반응이 나오기에 상황 제시를 할 경우 일부러 망가뜨린 것이 아님을 강조한다. 유난히 모둠 활동에서 늘 힘들게 하는 친구가 있는 반에서는 해당 학생을 연상하게 되므로 활동이 진심으로 이루어지지 않는다. 따라서 상황 설정은 반별로 다르게 제시하는 것이 더 효과적이다.

3단계 - 나는 이런 친구가 되고 싶어요!

이 활동은 **학급긍정훈육** '꿈같은 친구와 악몽 같은 친구'를 약간 변형하여 꿈같은 친구 활동만 진행했다. 꿈같은 친구 활동은 나에게 어떤 친구가 있었으면 좋을지 탐색하는 것이다. 그래서 자칫하면 숙제 대신해 주는 친구, 먹을 거 사 주는 친구, 돈 주는 친구 등등 비윤리적인 답들이 나올 수 있다. 그러므로 활동에 앞서 '나에게 선한 영향력을 주는 요소'로 구성할 수 있도록 안내한다.

꿈같은 친구 활동이 내가 바라는 친구의 모습을 살폈다면, '나는 이런 친구가 되고 싶어요' 활동은 내가 되어 줄 수 있는 친구의 모습을 찾는 것이다. 이때 아이들은 전보다 훨씬 더 진지하게 임하면서 자신의 상황을 되돌아본다. 내가 바라는 친구의 모습과 나는 얼마나 닮아 있는지, 내가 바라는 친구와 내가 되어 줄 수 있는 친구 사이에 어떤 공통점과 차이점이 있는지 이야기 나누어 본다.

아이들이 되도록 따뜻한 말을 더 많이 들으며 생활할 수 있기를 간절히 소망하면서 꿈같은 친구 활동 후 어떤 친구가 되어 주고 싶은지 스스로 성찰할 수 있도록 안내하였다. 이후 복도 게시판에 전시함으로써 학년 전체에 공유하여 따뜻한 말이 온 학교를 감쌀 수 있도록 하였다.

2장

공감 능력! 키울 수 있을까?

네 명의 여학생이 항상 함께 다니며 쉬는 시간에는 화장실도 같이 가고, 하교할 때도 기다렸다가 함께 집에 가곤 했다. 그런데 어느 순간부터 그중 한 명인 미영이가 혼자 지내게 되었다. 미영이는 점점 보건실에 자주 갔고 조퇴도 잦았다.

상담을 통해 미영이의 이야기를 들어 보니, 친했던 친구들과의 관계가 멀어지면서 학교에 다니는 것이 힘들어졌다고 했다. 친구들이 뒤에서 자신을 흉보는 것 같고, 자신을 째려보는 것 같아서 학교에 있는 게 두렵다고 털어놓았다.

나머지 세 명의 친구들에게 자초지종을 물어보니, 미영이가 약속을 지키지 않고 거짓말을 해서 서로 멀어졌다고 말했다. 자신들은 미영이를 따돌리거나 눈치를 준 적도 없고, 뒤에서 흉을 본 적도 없는데 왜 미영이가 힘들어 하는지 잘 모르겠다고 했다. 그저 서로 안 맞아서 자연스럽게 거리가 생긴 것뿐이라고 억울해했다.

공감 능력이 부족하면 타인의 행동을 잘 이해하지 못해서 대인관계 전반에 부정적인 영향을 미친다. 예를 들어, 친구들 사이에서 일반적으로 느끼는 감정을 이해하지 못하고 적절한 정서적 반응을 하지 못한다면, 교우 관계에 어려움이 생긴다. 한편 친구에게 상처 주는 말이나 행동을 할 수도 있다.

미영이와 친구들은 친했던 친구들과 사이가 멀어져 혼자 남았을 때의 생각과 감정을 서로 공감하지 못하는 상황이었다. 공감이 부족하니 서로의 어려움을 이해하고 수용하는 데도 어려움을 겪고 있었다. 미영이 역시 자신의 말과 행동이 친구들에게 어떤 영향을 미쳤는지 깨닫지 못할 수 있었다. 이들 사이에는 서로의 생각과 감정을 이해하는 공감이 필요했다.

아메리카 원주민의 격언에 "그의 입장에서 1마일을 걸어 보기 전까지는 그 사람을 판단하지 마라"는 말이 있다. 비유하자면 냄새나는 남의 신발을 신어 본다면 그 사람을 있는 그대로 수용할 수 있다는 의미다. 진정한 공감이란 단순히 상대를 내 방식대로 이해하려는 것이 아니라, 그 사람의 입장에서 있는 그대로 수용하는 것이다. 남의 신발을 신어 보는 것처럼, 진정한 공감은 갈등을 해결하고 더 나은 소통을 가능하게 한다.

이에 이 아이들과 함께 '신발을 신고 친구의 삶으로 들어가 보기' 활동을 하기로 했다. 이 활동을 통해 서로의 삶과 고민에 관심을 갖고, 상대방의 감정에 진심으로 공감할 수 있는 기회를 마련해 주고자 했다.

신발을 신고 친구의 삶 속으로

다른 사람의 신발, 즉 상황에 자신의 발을 올려놓아 다른 사람의 감정과 생각에 공감하는 활동이다. 이 활동을 통해 학생들에게 친구들의 삶에 관심을 가지게 하고, 다름을 이해하고 존중하도록 격려할 수 있다.

활동

활동명 : 신발을 신고 친구의 삶 속으로
준비물 : 신발 보드 출력물(모둠별로 신발 보드 여섯 개 준비)
활동 방법

① 수업 전 학생들의 준비
- 여섯 명씩 모둠을 만든다.
- 모둠별로 의자만 가지고 원을 만들어 앉는다.
- 우리는 경험이 다르기 때문에 세상을 모두 다르게 본다는 것을 설명한다.
- 학생들에게 누군가의 신발을 신을 기회를 줄 것이라고 안내한다.

② 활동 방법 시범 보이기
　지원자 두 명의 도움을 받아 신발 보드 활동의 시범을 보여 준다.
- 다른 학생들은 조용하게 시범 역할을 보고 활동 방법을 익힌다.
- 지원자 두 명은 신발 보드에 적힌 글을 큰소리로 읽는다.

- 자신의 신발 보드에 적힌 글을 읽고 어떤 생각, 감정, 결심이 생겼는지 소감을 나눈다.
- 신발 보드를 바꿔 신고 다시 글을 읽고, 어떤 생각, 감정, 결심이 생겼는지 소감을 나눈다.

③ 모둠별로 신발 신기 활동
- 모둠별로 여섯 명씩 편성하고 신발 보드 여섯 개를 준비한다.
- 각자 신발 위에 서게 하고, 그 보드 역할을 하게 한다.
- 보드 내용을 조용히 꼼꼼하게 읽는다.
- 돌아가면서 자신이 신은 신발에 서서 어떤 느낌, 생각, 결심을 하게 되었는지 소감을 나눈다.
- 한 칸씩 이동하여 다음 신발을 신고 보드 내용을 읽고 소감을 나눈다.
- 여섯 개 신발을 모두 신어 보면서 소감을 나눈다.
  (본인이 직접 신발을 신어 보고 공감하게 하는 것이다.)
- 신발 보드에서 발을 떼고 나옴으로써 이동할 준비가 되었다는 신호를 보낸다. 신발 보드 밖에서 다른 친구들이 준비가 될 때까지 조용히 기다린다.

④ 전체 소감 나누기
- 학생들을 자리로 돌려 보낸다.
- 이 활동을 통해 배웠거나 발견한 것을 나눈다.

⑤ 활동시 주의할 점
- 진지하게 활동할 수 있도록 분위기를 잡는 것이 좋다. 그래야 깊이 있는 마음을 건드리는 활동이 될 수 있다.

나는 소속되어 있어

친구들은 나에게 잘 해 주고, 나를 도와 줘.

나를 지지해 주고 챙 겨 주는 친구들이 있 다. 나는 학급 친구 들에게 도움을 주고 있어.

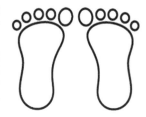

친구들이 내게 관심 이 있고, 함께 지내 고 싶어 해.

내가 어려움을 느끼 면 언제든 선생님이 격려해 줘.

★ 그 외의 신발 보드 문장들

나는 능력 있어

• 나에게는 좋은 생각이 있어. 내가 아는 것을 친구들에게 알려 줄 수 있어.

• 나는 이런 내 능력이 자랑스러워. 나는 친구들에게 긍정적인 영향을 미치지.

나는 소속되어 있어

• 친구들은 나에게 잘해 주고, 나를 도와줘. 나는 학급에서 중요한 역할 을 하고 있어.

• 나를 지지해 주고 챙겨 주는 친구들이 있어. 친구들은 내게 관심이 있 고 함께 지내고 싶어 해.

• 나는 학급 친구들에게 도움을 주고 있어.

해야 할 일이 너무 많아

• 나는 매일 해야 할 학원 숙제가 너무 많아. 주말에는 수행평가 준비를

해야 해. 내가 100점을 받지 못한다면 부모님은 실망하실 거야. 매일 학원 차를 타고 이 학원 저 학원으로 다니지. 나는 놀 시간이 없어. 정말 스트레스야.

소외감을 느껴

• 친하게 지냈던 친구들과 서먹해져서 외로움을 느껴. 내가 말을 하려고 하면 아이들이 관심을 가져 주지 않고 호응이 없어. 친구들이 나를 안 좋은 아이로 생각하는 것 같아.

• 아이들이 재미있게 놀 때 내가 끼어들기가 힘들어. 화장실에 혼자 가야 할 때 외로워.

• 친구들이 나와 같이 놀고 이야기를 나누어 줬으면 해.

완벽해야 해

• 나는 100점을 받아야 해. 사람들이 나를 좋아하면 좋겠어.

• 다른 사람들에게 인정받을 수 있는 것들을 할 거야. 부모님은 내가 항상 잘하기를 기대해.

• 나는 공부도 운동도 잘해야 해. 내가 완벽하지 않으면 가족은 나를 인정하지 않을 거야.

• 내가 실수하면 다른 사람들이 나를 안 좋게 평가할까 봐 걱정돼.

나는 의리 있어

• 나는 친구들과의 약속은 반드시 지키려고 해. 친구들과의 약속 시간에 늦은 적이 없어. 친구가 약속을 지키지 않으면 나를 진정한 친구로 생각하지 않는 것 같아 속상해.

• 나는 친구의 고민을 잘 들어 주고 공감하려고 노력해. 나는 친구에게 진실하려고 노력해.

• 나는 친구가 힘든 일이 있으면 도와줘.

- 『학급긍정훈육법 활동편』 재구성 -

대다수 학생들은 소외감을 느끼는 친구의 신발 보드에 섰을 때 힘들고 외로운 감정에 공감할 수 있었다고 하였다. '나는 소속되어 있어'에서는 자신이 중요한 사람이고 마음이 편안하였으며, '나는 의리 있어'에서는 좋은 친구가 되기 위해 노력해야 한다는 생각이 들었다고 한다.

그리고 자신의 상황을 객관적으로 볼 수 있어 평소 내가 느꼈던 감정을 이해할 수 있었고, 성찰하는 기회가 되었다는 학생도 있었다. 예를 들면 '완벽해야 해'라는 신발을 신었을 때 자신의 모습과 비슷한 것을 알게 되었고, 평소 자신이 왜 그렇게 스트레스를 받았는지 객관적인 시선으로 볼 수 있었다고 했다.

그리고 겉으로는 보이지 않았지만 저마다 다양한 고민과 걱정을 하며 살고 있음을 알게 되었다고 했다. 친구의 고민을 내 관점으로 판단하지 않고, 친구의 입장에서 이해하고 공감해야겠다는 다짐을 하기도 하였다.

책을 함께 읽고 이야기를 나누는 것은 공감 능력을 키우는 데 큰 도움이 된다. 책 속 주인공의 상황과 감정을 이해하고 공감하는 과정을 통해 감정 이해력을 향상시킬 수 있기 때문이다.

3장

서로 존중하는 의사소통의 마법

중학교 1학년 수업 시간에 있었던 일이다. 한창 수업 중이었는데, 순간 "○나 짜증나"라는 말이 들려왔다. 수업은 중단되었고, 여기저기서 오늘 일이 처음이 아닌 것을 입증이라도 하듯 봇물 터진 것처럼 불평이 터져 나왔다.

"아침부터 저녁까지 욕을 해요", "게임 할 때는 더 많이 해요. 채팅이 다 욕이에요", "우리 반에서 가장 욕을 많이 해요", "너무 욕을 많이 하니까 기분이 나빠요", "욕 좀 하지 않게 해 주세요".

그 학생을 불러 물어보았다.

교사 : "주민이는 늘 웃으며 인사하고 수업에도 집중을 잘해서 좋아 보였는데, 오늘 모습을 보고 선생님이 많이 당황했단다."

학생 : "죄송해요, 선생님."

교사 : "학급 아이들이 네가 욕을 많이 한다는데 너도 알고 있니?"

학생 : "네. 그런데요, 선생님 다른 애들도 모두 욕해요."

교사 : "그렇다고 때와 장소를 구분하지 못하는 것은 아니지."

학생 : "그렇긴 해요."(문제점 인식 상태)

학생들 가운데 자기 생각이나 의견을 표현할 때 부적절한 방법을 사용하는 경우가 있다. 입버릇 처럼 욕설이 가미되어 욕이 얼마나 해로운지, 욕을 들은 상대가 어떤 느낌과 상처를 받을지 안중에도 없이 사용한다. 소통이란 단방향이 아니고 양방향일 때 효과를 나타낸다. 따라서 효과적인 소통으로 즐겁고 의미 있는 학교생활을 하려면 표현을 익히고 연습할 필요가 있다.

표현이 바뀌니 관계도 바뀌네요

어린 시절의 경험은 종종 세상을 대하는 방식에 영향을 미친다. 주민이는 초등학생 시절에 왕따와 놀림을 경험했고, 자신을 보호하기 위해 왜곡된 신념으로 형성된 방어 기제가 오히려 소통과 관계를 방해하고 있었다.

주민이에게 건강한 소통 방식을 찾아 주고 싶어서 동의하에 '고소미(고운 말 소통의 아름다움) 프로젝트'를 같이 해 보기로 결정했다. 그 학급에 같은 문제 행동을 보이는 몇몇 학생이 있어 '한배 태우기'(잘못을 들춰내거나 지적하는 일에 집중하는 것이 아니라 공동체적 입장에서 현재 겪고 있는 문제를 해결할 때 사용하는 방법)를 선택했고, 문제 해결을 위해 브레인스토밍을 했다. 그리고 실천 가능한 것을 선택했다.

선택한 해결 방법

1. 스스로 욕을 한 횟수 줄여 가기(본인 체크)

2. 무심코 나왔을 때 옆 친구가 표현 바꿔 주기

3. 친구의 작은 성취에 꾸준히 격려의 말이나 행동해 주기

처음에는 '스스로 얼마나 자제를 할까?', '오히려 자존심이 상하진 않을까?', '역효과가 나진 않을까?' 걱정이 많았지만, 그건 기우에 불과했다. 어느 날 "선생님 저 오늘은 욕을 한 번도 안 했어요. 멋지죠?"라고 자랑을 했고, 학급 아이들이 일제히 엄지를 치켜세워 진실임을 확인해 주었다. "엄청 노력하는 구나! 다른 친구들도 너의 노력을 인정하고 있어. 멋지다, 주민아!"

자연스러운 의사표현으로도 소통이 가능하다는 믿음이 생기자 의식적으로 욕을 자제하면서 서서히 관계를 회복하고 소속감을 찾아가는 이상적인 결과가 도출되었다.

의사소통에도 기술이 있어요

교사와 학생 사이

교사는 모든 순간이 상담 활동이라고 해도 과언이 아니다. 수업 중이나 쉬는 시간에 나누는 잠깐 대화, 방과 후 진지한 대화

이 모두가 의사소통의 시간이다. 의사소통은 기본적으로 '관계'에 기반한다. 좋은 관계에서의 대화는 학생이 신뢰를 다지고 성장할 수 있는 촉진제 역할을 한다. 그러나 관계가 좋지 않은 상황에서 나눈 대화는 신뢰의 힘이 약해 지시, 명령, 비난으로 받아들여져 관계나 상황이 악화되기도 한다.

또한 아무리 좋은 이야기라도 학생이 이를 받아들일 준비가 되어 있느냐에 따라 약이 되기도 하고 독이 되기도 한다. '잘할 수 있어. 할 수 있고말고'라는 말을 생각해 보자. 분명히 힘을 내라고 격려하는 말이다. 의지를 북돋우고 자신감을 충전할 수 있는 말이다. 하지만 실패에 대한 두려움으로 의욕을 잃은 학생에게 "잘할 수 있어"라는 말은 '교사가 기대하고 있는데 또 한 번의 실패를 하면 더 크게 실망할 것이고 그럴 바에야 차라리 포기하자'라는 무기력과 두려움을 유발할 수 있음을 유의해야 한다. 기본적인 소통 기술을 제안한다.

01 경청하기 교사는 항시 조언을 하고 싶어 하지만 꾹 참고 경청하는 것이 중요하다. 비언어적 공감(몸짓, 자세, 표정 등)만으로도 충분한 소통이 될 때도 있다. 그저 들어 주기만 해도 상담을 끝낸 학생이 웃으며 자리에서 일어설 수 있다. 이는 상대가 나를 존중한다는 느낌을 받았을 때 더욱 그렇다. (수동적 듣기[hearing]도 좋지만, 진정한 경청[listening]이 되도록 연습하자.)

02 질문하기 교사가 먼저 판단하고 분석하여 말하기보다는 학생이 스스로 생각하고 해답을 찾도록 질문으로 유도하는 것이 중요하다. 이를

통해 자율성과 책임감을 키울 수 있다. 이때는 폐쇄형 질문보다 개방형 질문이 더 효과적이다. 질문은 학생에게 관심이 있다는 것을 보여 주는 좋은 방법이다. 한 가지 주의할 점은 질문을 던진 후 학생이 답하기까지 충분한 시간을 주는 것이다.

"과제 제출 기한을 지키지 못한 이유는 무엇일까?"

"지금 왜 그렇게 화가 났는지 생각해 볼 수 있을까?"

03 학생 상황에 몰입하기 학생이 의견을 제시했을 때, 말하는 내용과 맥락에 최선을 다해 집중해야 한다. 이때 학생이 주인공이 되도록 분위기를 조성하는 것이 중요하다.

학생과 학생 사이

학급 내에서 종일 한마디도 하지 않고 귀가하거나, 교우관계에 적극적으로 참여하지 못하는 학생들이 있다. 의견이 없어서가 아니라, 어떻게 표현해야 할지에 대한 불안감에서 비롯된다. 이런 학생들은 말솜씨가 좋은 또래와 자신을 비교하여 점차 자신감을 잃고, 자존감이 낮아진다.

학급 운영에서 가장 기본적인 의사소통 기술은 '정확하게 듣기', '효과적 표현으로 말하기' 그리고 '사과하기'이다. 이를 쉽게 적용해 볼 수 있는 활동을 소개한다.

활동

1단계 정확하게 듣기 연습

활동 목표 : 상대방의 말에 집중하는 기술 익히기

(학기초 서로 존중하는 학급 문화 만들기에 효과적)

활동 방법

- 2인 1조로 짝을 지은 후 주제를 안내하고 잠시 생각할 시간을 갖는다. 말할 주제는 '오늘 기분이나 상태에 대해서' '내가 좋아하는 음식과 이유 등이 적절하다.' (생각할 시간은 30초, 주제는 상황에 따라 바꾸기 가능)
- 왼쪽에 앉은 사람이 먼저 말하고 오른쪽에 앉은 사람이 잘 듣는다.
- 오른쪽 사람이 들은 내용을 말하고, 왼쪽에 앉은 사람은 잘 들었나 확인한다.
- 왼쪽과 오른쪽 역할을 바꾸어서 해 본다.
- 이번에는 다른 주제로 두 사람이 동시에 자기가 하고 싶은 이야기를 한다.
- 서로가 알아들은 내용을 붙임쪽지에 적거나 서로에게 말한다.
- **질문하기**

  '내 이야기 들어 주기 활동'을 하며 든 생각이나 느낌 혹은 결심은 무엇인가요?

  '동시에 자기 이야기만 하기 활동'에 대한 생각이나 느낌, 혹은 결심은 무엇인가요?
- '제대로 듣는 방법' 브레인스토밍 - 칠판, 전지, 붙임쪽지 등 활용, 모둠 활동 가능

- 브레인스토밍 내용 중 모두가 지킬 수 있는 것 3~5가지 정해서 교실에 게시한다.
- 경청하지 않을 때, 게시된 내용 앞에 함께 가서 되돌아보는 시간을 갖는다.

2단계 효과적 표현으로 말하기 연습(나 전달법)

활동 목표 상대방을 이해하면서 내면의 감정을 알아차리고 생각 말하기(학기 초에 서로 존중하는 학급 문화 만들기에 효과적)

활동 방법

- 즐거운 일이나 해결하기 어려운 일을 떠올리게 한다.

"나는 **숙제를 어떤 방법으로 해야 할지 몰라**서 답답하고 속상하다."
- 나의 바람이나 기분을 설명한다.

"나는 **친구가 방법을 알려 주기를** 바라. (희망해)"

"자꾸 욕을 들으니 상처받게 돼. 욕을 하지 않기를 원해."

"급식 시간에 새치기하는 행동에 화가 나. 질서 지키기를 원해."

나는 _____ 할 때 _____ 기분이야. 나는 _____ 을(를) 원해.

나 전달법 수업 전에 감정 단어 찾기 브레인스토밍하기
– 의외로 표현할 수 있는 감정 어휘가 적다. 교사가 감정 단어를 교실에 게시하여 감정을 익히고 상황에 맞는 자신의 감정을 찾아내는 기회를 제공하면 더욱 효과가 높다.

3단계 사과하기

학교에서 일과 중 잘못된 말이나 행동을 할 때가 있다. 실수나 잘못을 인정하고 받아들이면 더 좋은 관계로 발전할 수도 있다.

실수를 딛고 일어남으로써 학생 간의 관계가 돈독해지고, 서로 성장할 수 있도록 돕는 과정이 바로 '사과하기'이다. 자신의 실수를 인정하고 사과하는 일은 용기가 필요한 일이며, 이는 자기 자신을 스스로 책임지겠다는 의지를 표현하는 것이다.

• '사과의 필요성'에 대해 생각하기

실수와 잘못은 어떤 차이가 있을까요?

■ 실수에 대해 떠오르는 생각이나 의미를 표현해 볼까요?

　　실수는 ＿＿＿＿＿＿＿＿＿＿＿ 이다.

■ 잘못된 말(행동)에 대해 떠오르는 생각이나 의미를 표현해 볼까요?

　　잘못된 말(행동)은 ＿＿＿＿＿＿＿＿＿＿＿ 이다.

■ 실수나 잘못된 말(행동)을 한 후 스스로 한 다짐이나 결심은 무엇이었나요?

■ 실수나 잘못된 말(행동)에 대하여 바뀐 생각이나 의미는 어떤 것이 있나요?

　• 실수를 완전히 모르게 할 수 있을까요?

　• 한 번의 실수도 하지 않고 살아갈 수 있을까요?

사과하기 3단계

- _____ 해서 미안해. (사과할 행동에 대해 인정하기)
- 다시 그러지 않도록 노력할게. (책임 있는 행동에 대해 약속하기)
- 사과를 받아 줄래? (사과를 원하는 마음 동의 얻기)

학교는 매일 마주하는 가까운 관계, 즉 학생과 학생 사이, 교사와 학생 사이에 말로 인해 상처받는 일이 쉽게 발생하는 공간이다. 그러므로 일상에서 사용하는 말이 학생의 자존감과 정서 발달에 매우 큰 영향을 미친다는 사실을 기억하고 더욱 신중해야 한다. 건강한 소통으로 안전하고 즐거운 교실 문화가 형성되기를 희망한다.

4장

교사와 학생이 함께 웃는
일과 만들기

A 교사는, 점심시간에 우리 반은 13시에 급식실로 이동하니 13시가 되면 복도에 한 줄 서기를 하라고 조회 시간에 안내하였다. 첫날은 교사가 12시 57분에 교실로 가서 아이들을 직접 급식실까지 인솔했다. 하지만 이후에도 계속 신경을 써야 했고, 결국 학생들은 한 학기가 다 되도록 급식 시간 줄 서기를 지키지 못하고 있다.

학생들은 매일 반복되는 일상을 산다. 등교해서 조회를 준비하고, 쉬는 시간이 끝나면 교실로 들어가 수업을 하고, 급식 시간에는 반별로 밥을 먹고, 모든 수업이 끝이 나면 종례 후에 하교한다. 매일 반복되는 일이니 학생들이 당연히 합리적이고 효율적인 방향으로 일과를 해결할 것이라고 생각한다. 하지만 현실은 그렇지가 못하다.

일과에서 발생하는 다양한 갈등

B 교사는 과학 교사로서 활동 위주 수업을 하고 싶어 모든 수업을 과학실에서 진행하고자 마음먹었다. 그래서 학기초 학생들에게 수업 시작 전에 과학실로 들어와 자리에 앉아 있으라고 당부하였다. 그러나 학생들은 매번 수업 시작 종이 치고 나서야 교실을 나섰고, 결국 늘 5분 늦게 수업을 시작했다. B 교사는 궁리 끝에 수업에 늦는 학생들 이름을 적어 수업이 끝난 뒤 그 아이들에게 과학실 청소를 시켰다. 처음에는 효과가 있었지만 곧 다시 원래 상태로 돌아갔다. B 교사는 지쳤고, 결국 지금은 교실에서 수업을 진행한다.

C 교사는 에듀테크 활용 수업을 위해 학생들에게 수업 전에 크롬북을 보관함에서 꺼내다 놓으라고 안내했다. 그러나 학생들은 수업 종이 치고 나서야 꺼내기 일쑤였다. 그러다 보니 매

번 수업 시작이 늦어졌고, 수업은 결국 쉬는 시간까지 이어졌다. 쉬는 시간을 빼앗는다며 아우성치는 학생들과 C 교사 사이에 갈등이 생겼고, C 교사는 요즘 수업에 열의가 옅어지는 자신을 보면서 자존감이 낮아지고 있다.

D 학생은 쉬는 시간에 친구들을 만나 노는 것을 좋아한다. 수업이 끝나자마자 옆반 복도로 간다. 곧이어 친구가 복도로 나온다. 친구를 만나 얘기를 하다 보면 10분은 금방 지나간다. 시작 종이 울려서 교실로 들어와 교실에 앉았다. 선생님께서 들어오셔서 출석을 부르고 수업을 시작하셨다. 그때 갑자기 화장실이 가고 싶어졌다. 선생님께 화장실에 다녀와도 되냐고 물었다. 선생님께서는 쉬는 시간에는 뭐했냐고 나무라셨다. 선생님께 죄송하기도 하고, 자신이 한심하기도 하고, 그럴 수도 있지 않나 반항적인 마음도 들었다.

교사와 학생 모두가 평화로운 일과 만들기

위 상황을 자세히 보면 교사의 지시와 요구만 있고, 학생의 의견이나 동의는 없다. 이와 같은 처사는 교사가 학생을 어리숙하고 부족한 존재로 보기 때문에 발생한다. 교사와 학생을 수직적 관계로 본다는 말이다. 그렇기에 학생은 교사가 정한 일과는 자신에게 중요하지 않다고 생각한다. 그러다 보니 자연히 그 내용을 잊고, 지키지 않는 것이다. 이를 극복하기 위해 PDC에서는 교사와 학생이 일과를 함께 만들어야 한다고 말한다.

활동

활동명 : 동의의 일과 만들기
준비물 : 모둠판, 네임펜
준비 사항 : 모둠 만들기(4~5명), 모둠별로 모둠판과 네임펜을 나눠
          준다.

1. 일과 상황 제시하기

특정 일과가 일어나는 상황을 제시한다. 특정 일과가 아닌 경우 브레인스토밍하여 일과를 나열한 후 필요한 일과를 선정할 수 있다.

"과학 수업 전 과학실 이동 상황을 생각해 보자. 매번 우리는 제시간에 수업을 시작할 수 없었어. 무엇 때문이라고 생각해?"

2. 일과에 해야 할 것을 브레인스토밍하기

일과 동안 해야 할 일들을 브레인스토밍하게 한다. 브레인스토밍에서 나온 얘기를 모둠판에 적는다.

"2교시 수업이 끝났어. 3교시에는 과학 수업이네. 과학실로 이동해야겠다. 쉬는 시간부터 과학 수업 전까지 필요한 것이 무엇이 있을지 모둠에서 브레인스토밍합니다. 브레인스토밍한 내용은 모둠판에 적으세요."

3. 모둠별로 브레인스토밍한 결과 발표하기

모둠별로 브레인스토밍 결과를 발표하게 한다. 중복되는 내용은 발표하지 않게 한다. 교사는 칠판에 발표 내용을 정리한다.

4. 일과 정하기 및 동의하기

일과에 필요한 행동을 시간 순서대로 정리한다. 채택된 내용이 다음 기준에 맞는지 확인한다.

- 합리적인가?
- 존중하는 방식인가?
- 관련성이 있는가?
- 도움이 되는가?

정해진 일과에 동의 여부를 확인한다. 이 과정은 무척 중요하다. 동의하지 않은 학생이 있는 경우 그 이유를 물어보고 수정해야 한다. 동의하지 않은 학생은 정해진 일과를 따를 필요가 없다고 생각해서 일과를 지키지 않을 수 있기 때문이다.

5. 연습하기 또는 역할극 하기

학생과 다양한 상황을 예상하고 연습한다. 이것은 학생들이 문제 상황에서 유연하게 대처하게 만든다.

"과학실로 이동해야 하는데 담임 선생님과 면담이 있어 제시간에 과학실로 이동하기 힘들 것 같아요. 이럴 때는 어떻게 해야 할까요?"

"크롬북이 충전이 되어 있지 않습니다. 어떻게 해야 할까요?"

일과 정하기(브레인스토밍)

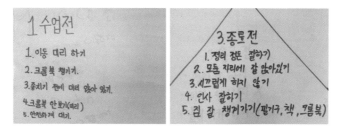

일과가 지켜지지 않을 때 어떻게 해야 할까?

학생들과 일과를 함께 정하였지만 모든 학생이 일과를 지키기는 어려움이 있다. 그 상황에서 교사의 대처가 일과를 완성하게 할 수도 실패하게 할 수도 있다. 다음은 교사의 올바른 대처 방법이다.

1. 사실을 짧고 친절하게 말하기

"수업에 늦었네? 무슨 일이 있었던 거야?"

"(지각생) 지금 몇 시지? 내게 미리 연락하지 않은 이유가 있었니?"

2. 약속 확인하기

"우리의 약속이 뭐였지?"

3. 말하지 않고 비언어로 말하기

• 시계 가리키기(늦었어! 일찍 다녔으면 좋겠어!)

• 손으로 쉿(조용히!)

• 부드러운 스킨십 사용하기(딴짓하는 학생에게 가볍게 터치하며 학습지 가리키기)

4. 규칙을 지켰을 때 격려하기

• 엄지척 하기, 고맙다고 말하기

　(격려는 보상이 아니다. 보상을 할 경우 학생은 보상이 없으면 일과를 지키려고 하지 않는다. 또한 자기 주도성을 잃고 타인을 의식하는 삶을 살게 된다.)

아이들은 서로가 서로에게 질문하고, 상황을 설명하면서 아이들 스스로 자신의 행동에 어떤 문제가 있는지 깨달아 갔다. 다른 친구가 자신의 문제점을 어떻게 해결할지 답하는 것을 듣고, 그와 비슷한 상황에 처했을 때 질문을 던진 아이도 그 친구와 같거나 혹은 더 나은 선택을 할 수 있게 되었다. 스스로 해결책을 찾는 능력이 길러진 것이다.

일과 정하기 과정에서 학생이 스스로 문제를 인식하고 해결책을 찾도록 돕는다. 이 과정을 거치면서 교사는 질문의 중요성, 경청의 기술, 학생과의 대화를 통해 문제를 해결하는 방법을 익히게 돼 두 마리 토끼를 잡을 수 있다.

또한 문제 행동을 일으킨 학생을 처벌하기보다는 문제의 근본 원인을 파악하고 해결하는 데 집중할 수 있다. 이러한 접근법을 연습함으로써 교사는 이후에 문제를 만났을 때 문제 해결 능력을 발휘할 수 있고, 다양한 상황에서 창의적으로 유연하게 대처가 가능하다.

학생들이 반성과 학습을 통해 성장하는 과정도 이해할 수 있다. 아울러 교사는 그 과정에서 자신이 어떤 지원을 해야 하는지 배울 수 있다. 또한 교사는 일과 정하기 과정을 통해 자신의 교실 관리 방법을 평가하고, 학생들에게 더 긍정적인 영향을 미칠 수 있는 전략을 찾게 된다. 이를 통해 교사는 더 효과적이고 긍정적인 교실 환경을 조성할 수 있다.

5장

실수를 딛고 성장으로 한 걸음

"앗! 뭐야? 조심 좀 하지."

"몰랐다고! 너도 지나가면서 내 어깨 건드렸잖아! 너도 조심 안 했잖아."

"웃기고 있네. 네가 뭘 조심하냐? 내가 다 봤는데 일부러 확 치고 가던데."

시끌시끌한 복도에서는 이미 한 무리의 학생들이 둥그렇게 모여 두 아이를 구경하고 있었다.

"선생님, 얘가 저한테만 자꾸 뭐라고 해요. 실수로 그런 건데 자꾸 일부러 그랬다고 하면서요. 너무 억울해요."

아이의 얼굴은 잔뜩 일그러진 채 금방이라도 눈물을 왈칵 쏟을 기세였다.

체육 시간에 피구 경기를 하다 친구의 발을 밟은 아이, 모양이 비슷한 친구의 신발주머니를 자신의 것으로 착각해서 가지고 간 아이, 수업에 필요한 전달 사항을 잘못 전달한 아이, 준비물을 잊고 등교한 아이, 과제를 미루다 완료하지 못한 아이, 수학 문제에서 기호를 잘못 쓰고 제출한 아이······.

아이들은 크고 작은 실수를 참 많이 한다. 실수는 인간의 자연스러운 부분이며, 누구나 할 수 있으며, 이를 통해 경험을 쌓고 개선하는 과정에서 배움이 일어난다. 실수를 해 배움의 기회가 생겼고, 실수를 책임짐으로써 한 걸음 성장하는 것이다. 내 실수를 감출 것이 아니라 내가 한 실수를 툭 터놓고 이야기함으로써 오히려 다른 사람에게 공감을 얻고, 나아가 다른 사람이 나와 같은 실수를 하지 않도록 도울 수 있다.

실수야, 꼭꼭 숨어도 머리카락 보인다

우리는 누구나 불완전하다. 그러므로 저마다 '불완전할 용기' 또한 필요하다. 그래서 삶의 순간순간 실수했던 일을 떠올리며 불완전할 용기를 품고 실수의 의미를 되돌아본다. 긍정훈육은 자신의 행동을 옳고 그름으로 성찰하게 하고 스스로 책임감을 배우게 한다. 실수의 결과는 처벌이 아니라, 무엇을 잘못했는지 알고 놓친 부분을 채우며 성장하는 길이다.

활동

· 활동명 : 실수로부터 회복하기
· 목적 : 실수를 통해 배움의 기회를 갖고 실수로부터 회복하여 스스로 성장하는 사회적 기술을 습득한다.
· 준비물 : 모둠 창작시 짓기(A3 용지), 매직, 붙임쪽지
· 소요 시간 : 45분(활동 진행이 익숙해지면 90분 권장)
· 활동 인원 : 5인 한 모둠

1. 실수 보여 주기

▶ 미리 계획했던 구체적인 실수를 하거나 실제 실수했던 경험을 이야기해 준다.

2. 실수 되돌아보기

"선생님은 실수를 한 건가요? 아님 실수 덩어리인가요?"

3. 실수했던 경험 나누기

"여러분은 어떤 실수를 했나요? 지금껏 한 번도 실수를 하지 않은 사람 있나요?"

▶ 각자 실수했던 경험을 모둠에서 이야기로 나눈다.

4. 실수했을 때 드는 결심 되돌아보기

"실수했을 때 드는 생각과 감정을 바탕으로, 실수를 하면 자기에 대해 어떤 결심이 서게 되나요? 자신에 대해 부정적이고, 다른 사람을 의식하며 불안해하고 책임에서 멀어지려 하는 것이 느껴지나요?"

▶ 실수는 개인이 자신과 타인, 그리고 사회와의 관계를 이해하는 데 중요한 역할을 한다. 실수를 통해 우리는 자신의 한계를 인식

하고, 이를 극복하기 위한 노력을 하게 된다.

5. 실수의 의미와 영향 되돌아보기

"여러분이 생각하는 실수의 의미들이 도움이 되었나요? 실수를 감추고 싶나요? 실수를 전혀 하지 않고 사는 사람이 있나요? 앞으로 실수를 하지 않고 살겠다고 장담할 수 있나요? 그렇다면 실수를 하지 않고 우리가 성장할 수 있나요? 음악 시간에 실수가 두려워 노래를 하지 않는다면 재미가 있나요?"

▶ 실수를 통해 실제 상황에서의 경험을 쌓고, 실수를 분석하며 해결책을 찾는 과정에서 문제 해결 능력이 향상된다.

6. 실수에 대한 새로운 인식

"실수에 대해 새롭게 드는 생각이 있나요? 만약 사람들이 실수를 한 사람에게 상처를 주는 것이 아니라 도움을 준다면 실수와 그 결과를 인정하고 받아들일 수 있나요?"

▶ 실수는 자신이 저지른 잘못된 결과라는 고립된 시각에서 벗어나 사과와 용서를 통해 관계를 회복하고 타인과의 연결을 강화하는 기회가 될 수 있다.

7. 실수로부터 회복하기 3단계

"실수로부터 회복하는 3단계는 인정하기, 사과하기, 해결하기예요."

1단계 **인정하기** 실수에 대한 책임은 실수를 인정하는 것에서 시작한다.

2단계 **사과하기 3단계**

먼저 사과받을 사람에게 말할 기회를 준다.

네가 (행동 - 내 물건을 허락 없이 사용)해서 내가 (감정 - 화가 났)어.

- 내가 (행동 - 너의 물건을 허락 없이 사용해서) 미안해.
- (다시는 그러지 않도록) 노력할게.
  내가 너의 물건을 허락 없이 사용한 행동으로 너의 마음을
  화나게 했어.
- 내 사과를 받아 줄래?

3단계 **해결하기** 관련된 사람들과 함께 해결책을 찾아 문제를
해결한다.

8. 실수에서 회복하기의 중요성

"실수가 배움의 기회라고 생각할 때 얻는 것이 무엇이 있을까요?"

- 실수가 배움의 기회라고 생각할 때 학생들은 사회적 성품과 학문
  적 성취를 더 잘할 수 있다.
- 실수는 배움의 기회라고 믿을 때 거짓말이나 상대를 비난하는 것
  이 줄어든다.
- 행동이든 말이든 진심으로 사과함으로써 학생들에게 자기 실수에
  대한 책임감을 갖게 한다.
- 실수로부터 회복하고 배우는 것은 용기를 준다.

9. 실수한 행동의 주체와 행동 분리하기

"실수한 사람이 실수 덩어리가 아니라는 것을 알게 되었으니 여러분
도 실수의 행동과 분리되어야겠지요?"

10. 실수해도 안심하는 이유

• 스스로 또는 타인과 주고받는 격려와 성장이 있다.

• 누구나 살아가는 동안 실수를 한다. 타인에게서 받은 격려는 스스로 하는 격려보다 더 큰 의미가 있다.

11. 실수에서 회복하고 실수 다시 바라보기

"자신이 생각하는 '실수에 대한 의미'를 '실수는 _____ 이다' 형식을 지켜 한 문장으로 쪽지에 적어 보세요."

12. 실수 모둠 창작시 짓기

"각자 쓴 문장을 모아 놓고 순서를 바꿔 가며 시를 만든 후 제목을 함께 만들어 A3 용지에 모둠 창작시를 완성하세요. 완성한 모둠 창작시는 함께 낭송합니다."

> 1. AI 프로그램을 활용하여 모둠시로 노래를 만들어 주제가로 함께 부르며 공동체의식을 다질 수 있다.
> 2. 실수 기록지 : 실수한 것을 기록하고 생각·감정·결심을 적는다. 같은 실수를 반복하지 않기 위한 노력의 기록지로 활용한다. 친구들의 격려 피드백을 받는다.
> 3. 실수가 너무 잦거나 정도가 심한 아이는 다른 아이들과 함께 고민하고 해결책을 함께 찾을 수 있는 학급회의를 활용할 수 있다.

내가 지금 안심하는 이유는 바로 여러분이 함께 있으니까!

내가 실수를 해도 안심하는 이유는
바로 격려와 성장이 있으니까!

여기는 안전지대입니다. 실수의 짝은 격려입니다.
둘이 빚어내는 결과는 안전지대에서의 성장입니다.

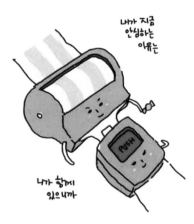

선생님들도 실수한단다.
실수에 대해서 10명의 선생님이 나눈 이야기를 한 편의 시로 완성했지.
이 이야기를 들려주고 싶었어.
"애들아, 실수해도 괜찮아~"

실수는, 실수!
(失手)　　(實樹)
열손가락

실수는 무언가를 놓치는(失) 결과가 아니다.
무언가를 이루고 열매 맺기(實) 위한 과정이다.

실수는 자신을 되돌아보고
잠시 쉬었다 가는 성장의 과정이다.

Mistakes are seeds of growth.
(실수는 성장의 씨앗이다.)

실수는 삶의 영양소다.

실수는 쉼표다.

실수는 잠깐 집중하지 못한 것이다.
괜찮아, 쉬었다 다시 하면 돼.

실수는 고통이 있어야 행복이 있는 것처럼
꼼꼼한 나를 만들어주는 최고의 조언이다.

실수는 순간이지만 그로부터의 배움은 영원이다.
때로는 실수를 해야만 배울 수 있는 것들도 있다.

실수는 잘하려고 노력하다 생긴 일이다.
그럴 수 있다.

실수는 나를 더 단단하게 만들어준다.

실수는 누구나 할 수 있다.
나도 그렇다. 너도 그렇다.

▲ 모둠 창작시 짓기 작품

실수야, 찾았다!

이 과정에서 학생은 나 스스로의 사회적 기술과 타인과의 사회적 기술을 익힌다. 나 스스로의 사회적 기술(경청, 여유, 참기, 자신 토닥이기, 즐기기)과 타인과의 사회적 기술(배려, 경청, 소통, 협력)을 배워 좋은 결과(더 나은 삶)를 만들기 위해 과정에 집중하고 사회적 기술을 향상시킨다. 시도해서 실패해도 그 과정에서 노력한 사회적 기술을 얻을 수 있다.

- **책임감** : 자신의 실수를 인정하고 사과하며 해결하는 것이 책임 있는 행동을 하는 것이다.
- **문제 해결 능력** : 실수를 분석하고 상황을 파악하며 해결책을 찾는 과정에서 문제 해결 능력이 향상된다.
- **회복력** : 실수와 실패를 경험하고 극복하는 과정에서 강화된 회복력으로 도전에 대한 자신감을 기른다.
- **자기 이해** : 자기 강점과 약점을 파악하게 되고, 자기 개선을 위한 구체적인 목표를 설정할 수 있다.
- **의사소통 능력** : 실수를 통해 타인과 피드백을 주고받는 과정에서 의사소통 능력이 향상된다.

이 활동을 통해 학생들은 '성장으로 이끄는 일곱 가지 믿음' 가운데 두 가지를 실현하게 된다.

우리를 **성장**으로 이끄는 **7**가지 **믿음**

1. 　 는 능력이 있다.
2. 　 는 꼭 필요한 사람이며 의미있는 도움을 준다.
3. 　의 결정은 나와 학급에 일어나는 문제에 긍정적인 영향을 미친다.
4. 　 는 원칙이 있고, 자기 조절력이 있다.
5. 　 는 다른 사람을 존중하며 행동한다.
6. 　 는 내 행동이 다른 사람에게 영향을 미친다는 것을 안다.
7. 　 는 지혜와 판단력을 기르기 위해 꾸준히 연습한다.

　첫째, 나는 내 행동이 다른 사람에게 영향을 미친다는 것을 안다.

　둘째, 나는 지혜와 판단력을 기르기 위해 꾸준히 연습한다.

　교사 또한 실수했을 때, 개인의 책임을 인정하고 사회적 연대감을 느끼며, 긍정적인 태도를 유지함으로써 교사도 실수를 통해 더 나은 자신으로 거듭날 수 있다. 이러한 과정은 우리를 더욱 성숙한 인간으로 만들어 줄 것이다.

실수 관련 긍정훈육 활동을 한 후 자신의 생활에서 직접 적용해 본 학생들이 남겨 준 소감 쪽지들이다.

실수를 딛고 일어선 학생의 소감 쪽지

이번 국어시험 볼 때 내가 실수해서 점수가 낮게 나와서 정말 속상했다. 하지만 친구들과 이야기를 나누고 다시 문제를 분석하면서 많은 것을 배웠다. 실수는 누구에게나 일어날 수 있는 일이라는 걸 깨달았고, 그걸 통해서 더 나은 내가 될 수 있다는 것을 알게 되었다. 다음 시험 볼 때는 더 집중해서 문제를 읽고 실수를 줄일 수 있도록 노력할 거다. 이번에 실수한 경험 덕분에 나 자신을 더 잘 이해하게 되었고 친구들과의 관계도 더 깊어졌다. 실수야, 고마워!

처음에는 실수를 인정하는 것이 마음이 불편했지만 친구와 대화하고 나니 마음이 편해졌다. 실수를 인정하고 받아들이니까 실수는 그냥 실수가 아니라 배움의 기회라는 생각이 들었다. 그리고 같은 실수를 하지 않으려는 결심도 했다. 더 나은 나의 미래를 기대한다.

6장

내가 먼저 솔선수범하는
마중물 되기

친절하면서도 단호한 교사의 모습은 학생들에게 긍정적인 영향을 미친다. 수업 시작 시와 수업 중에 명확한 규칙을 정하고, 규칙과 기대하는 행동을 구체적으로 설명하여 학생들이 이해하고 받아들일 수 있도록 친절하게 안내해야 한다. 또한 학생들에게 교사의 감정을 솔직하게 표현하는 것이 좋다.

성준이는 수업 시간에 엎드려 자기 일쑤에 느닷없이 돌발적인 행동을 하는 바람에 성준이와 한 모둠이 되면 다른 아이들 표정이 어두워진다. 어렵사리 모둠을 구성했는데, 성준이는 도구를 가지고 장난을 치고, 아이들은 성준이의 힘이 두려워 불편한 내색을 전혀 하지 못한다.

성준이가 수업을 방해하면 나는 "이런 행동이 선생님을 실망하게 했어"라고 말함으로써 감정을 공유한다. 이어서 "성준아, 실수는 누구나 할 수 있고, 실수해도 괜찮아. 오히려 실수를 배움의 기회로 삼아 발전할 수도 있어. 이제 어떻게 할 수 있을까?"하고 물어서 성준이가 자신의 실수를 깨닫고 자세를 바로잡도록 기회를 주어 격려한다. 한편 상황에 따라서는 "모둠원들의 활동을 방해하는 행동은 다른 사람에게 상처가 될 수 있어"라고 단호하게 말한다.

아이 안에 있는 어긋난 신념 찾기

성준이와 한서는 친한 친구이면서 '어긋난 신념'을 가졌다. 친구들을 협박하거나 돈이나 고가의 물건을 빼앗는 등 여러 가지 바람직하지 못한 행동들을 수시로 한다. 이런 어긋난 신념을 가진 아이에게 모범을 보이는 것은 중요한 교육적 접근이다.

1단계 경청하기 : 먼저 아이의 신념이나 생각을 이해하기 위해 아이들의 말에 귀를 기울이고, 아이들의 감정과 관점을 존중하며 대화를 나눈다.
  • 1단계 : 두 사람이 짝을 지어 동시에 이야기하기
  • 2단계 : 한 사람은 이야기하고 다른 한 사람은 딴짓하기

- 3단계 : 이야기하는 사람의 말을 듣고 고개를 끄덕이거나 반응하며 듣기

2단계 모범 행동 보여 주기 : 교사의 행동을 통해 긍정적인 신념을 형성하게 되기 때문에 다른 반 교사들과 협력하는 모습, 교사 간에 존중을 실천하는 모습을 보여 준다.
- 손가락을 동그랗게 말고 입으로는 턱이라고 이야기하고 볼에 손가락으로 동그라미를 만들어서 따라해 본다. 말보다 행동이 더 중요함을 인지시킨다.

3단계 비판보다 이해하기 : 학생의 신념을 비난하기보다는 그 신념이 형성된 배경을 이해하고 분석한다. 이후 열린 대화 유도하기를 통해 "성준아, 그렇게 생각하게 된 이유가 있을 거야"라고 말함으로써 행동 변화를 기대한다.

4단계 말없이 행동하기 : 교사가 학생에게 직접 지시를 하지 않고도 자신의 가치관과 기대치를 전달하는 효과적인 방법이다. 예를 들어, 자꾸만 엉덩이를 들썩이며 떠드는 성준이에게 손가락 신호를 보내 알아차리도록 한다. 성준이는 그 과정에서 자신의 잘못된 행동을 고쳐 나가고, 점차 긍정적인 가치관을 형성할 수 있다. 학생에게 안전하고 존중받는 환경을 제공함으로써 변화를 이끌어 내는 것이다.

내가 먼저 모범 보이기

성준이는 거의 매일 늦잠을 자고, 학교에 자주 늦고, 종종 다른 친구들에게서 돈이나 고가의 물건을 빼앗았다. 처음에는 반 아이들과도 곧잘 어울렸지만 언젠가부터는 선배들하고만 어울리기 시작했다. 하지만 문제 행동 때문에 지속적으로 지도를 받다 보니 아이들은 점점 성준이를 멀리했다. 이러한 행동을 하는 아이들에게 교사로서 어떤 활동을 통해 모범을 보여야 하는지 고민이 됐다. 그래서 나는 성준이를 지도하기보다는 먼저 교사로서 모범을 보이기로 마음먹었다.

교사의 모범적 태도와 행동

교사의 모범적인 태도와 행동은 학생들에게 매우 중요한 영향을 미친다. 우선 수업 준비를 철저히 하고, 최신 교수법을 익혀 교사로서의 전문성을 키운다. 학습 면에서는 학생 하나하나가 하는 질문에 정확하고 친절하게 답하고, 생활 면에서도 학생들이 어려워하는 것이 무엇인지 관심을 가진다. 또한 옷매무새 등 겉모습을 단정히 하고, 학생들을 존중하는 자세로 대한다. 이 모든 것이 학생들에게서 신뢰와 존경심을 얻는 기본 요소들이다.

공정성과 일관성

특정 학생을 편애하는 등 학생들을 차별해서는 안 된다. 또한 학급 규칙, 과제 제출 기한 등에 일관된 원칙과 기준을 정해야 한다. 이를 통해 학생들은 안정감과 예측 가능성을 얻게 되고, 나아가 교사의 바람직한 행동 모델을 본받아 공정성과 일관성을 배우게 된다.

팀워크 활동

성준이는 스포츠 활동 내에서 이루어지는 프로젝트나 팀 단위 활동을 좋아한다. 그래서 해당 활동을 할 때 협력의 가치를 강조하면서 서로 도와주고 존중하는 경험을 쌓을 수 있도록 유도했다. 활동 중에 성준이가 긍정적인 행동을 보이면 즉시 칭찬했다. 아주 작은 변화라도 놓치지 않고 긍정적으로 피드백을 줌으로써 성준이의 행동 변화를 유도했다. 고맙게도 성준이는 자기가 잘할 수 있는 체육활동에서 자신감을 가지고 조금 나아지는 모습을 보여 주었다.

실수 인정하고 회복하도록 돕기

성준이에게 자신의 행동이 다른 친구들에게 미치는 영향을 생각해 보게 하거나 긍정적인 행동을 보인 친구들의 사례를 공유하고, 그들이 어떻게 친구들과 관계를 맺는지 이야기하게 한다. 더불어 선배나 다른 친구들과의 멘토링 프로그램을 열어 긍정적인 롤모델을 제시해 주고, 성준이가 더 나은 방향으로 성장할 수 있도록 돕는 관계를 형성하도록 이끌어 준다. 여기서 가장 중요한 것은 지속적인 관심을 기울이면서 지지를 보내 주는 것이다.

탄탄 신문으로 일과 정하기

학교에 등교한 아이들 중에는 무엇을 해야 할지 잘 모르는 경우가 많다. 교실에 일찍 들어선 학생 대부분은 교실 불도 켜지 않은 채 스마트폰으로 게임을 한다. 하루 일과를 어떻게 꾸려 나가야 할지 정해 주는 일이 중요하다는 생각이 든다. 학급 일과는 학생들이 분명하게 지켜야 하는 일상적인 과제로, 급식 줄서기나 스마트폰 제출 등 학급에서 반복적으로 해야 하는 것들이다. 활동을 반복함으로써 능숙해져 학생들에게 자신감을 주고 다음 활동이 무엇인지 알기 때문에 학생들이 안정감을 갖는다. 아울러 규칙적으로 해야 하는 행동의 순서를 자연스레 익히게 된다. 한편, 다른 면으로 보자면 알려 주었기 때문에 일과대로 지키지 못할 경우에는 훈육을 통해 행동을 수정하기에도 효과적이다.

한 선생님은 담임을 맡은 반 아이들에게 날마다 탄탄신문을 만들어서 나눠 준다. 이 신문은 '그날의 생각할 글, 학급 일정,

매일 한 학생 칭찬하기, 담임 선생님 한마디, 학급 청소 당번, 생일 잔치'로 구성돼 있다. 그 학급 아이들은 매일 아침 탄탄신문을 읽으면서 그날 해야 할 일을 확인하고, 준비한다.

행복하고 안전한 교실, 교사와 학생이 함께하는 '하루 습관 만들기'

교사(학교생활)	교실(학생으로서 학급 내 생활)
아침에 교문을 들어서면서부터 오후에 교문을 나설 때까지 우리가 해야 할 일은?	아침에 교문을 들어서면서부터 오후에 교문을 나설 때까지 우리가 해야 할 일과(습관)는?

교사들도 하루의 말, 행동, 하루의 습관을 정해서 붙여 놓고 학생들 앞에서 실천하는 모습을 보여 주어야 한다. 학생들도 그에 따라 교실에서 어떤 행동과 습관을 길러 나가야 하는지 보고 배울 수 있다. 교사가 좋은 말과 행동을 하고 좋은 습관을 실천하는 모습을 보여 주면 학생들도 좋은 말, 좋은 행동, 좋은 습관을 만들기 위한 자기와의 약속을 하고 실천해 나갈 수 있다.

긍정적인 표현으로 하루 기분 물어보기

아침마다 등교 시간에 아침맞이를 한다. 그럴 때면 보통 복장이나 태도에서 부정적인 면이 먼저 눈에 들어온다. 하지만 단점을 지적하고 부정적인 표현을 하는 것보다는 표정이나 기분을 읽어 주는 것이 좋다. 마찬가지로 아침 조회시간에 건넨 긍정의 말 한마디가 아이들의 하루를 행복하게 만든다. 이러한 기술은 누구나 연습하면 익혀서 실천할 수 있다. 그렇다면 교사가 먼저 실천하고 학생들이 따라서 실천한다면 더할 나위 없이 좋을 것이다.

성준이를 만난 덕분에 나를 돌아볼 수 있었고, 인생 선배인 교사로서의 본을 보이기 위해 노력하면서 한 뼘 더 성장할 수 있었다. 그런 내 노력이, 내 마음이 성준이에도 가닿았는지 성준이도 차츰 달라졌다. 수업 시간에 눈 맞춤도 잘하고, 모둠 활동에도 적극적으로 참여하기 시작했다. 교사가 교사로서 할 일에 충실한 본을 보임으로써 학생이 학생의 본분을 다하게 하는 긍정훈육의 결실을 맺은 셈이었다.

7장

다름을 존중해요!

과학 수업 모둠 활동 속 놀이기구 기획협의회 한 장면이다.

"미끄럼틀이 마찰력과 중력이 연결되니 미끄럼틀에 여러 아이디어를 첨가해서 만들면 어때?"

"미끄럼틀? 그건 너무 유치하다. 번지 점프 어때? 재미있지? 미끄럼틀보다. 안 그래? 응?"

"미끄럼틀이 유치하다고? 번지 점프대를 네가 만들 수나 있어?"

"너보다는 잘 만들걸? 너는 똥손이잖아."

"그럼 준비물은 네가 다 가져오고 만드는 것도 너 혼자 다해."

수업 시간 모둠 활동에서 아이들이 의사 결정하는 과정을 보면 목소리 큰 친구가 만드는 분위기에 따르기가 일쑤다. 목소리가 작은 친구는 자신의 의견을 제시하기도 전에 결정되거나, 어렵게 제시하더라도 모둠 내 영향력 있는 친구의 의견에 나머지 팀원들이 격렬하게 동조하면서 일사천리로 일이 진행된다. 이렇게 서로 다른 의견을 존중하지 않는 의사 결정 구조에서 우리 아이들은 논리적 사고력보다 힘의 과시가 더 중요하다는 어긋난 신념을 형성하게 된다. 나아가 사고력을 키우기 위한 노력보다는 힘을 키우고 분위기를 몰아가는 노력을 더 하게 되는 상황에 놓인다.

적용한 긍정훈육 기술

이러한 상황이 교실에서 빈번히 일어나는 이유는 아이들이 속한 작은 사회인 가정이나 학교에서 서로 다름을 확인하고 배울 수 있는 기회가 부족하기 때문이다. 그러므로 학교에서 서로의 다름을 인정하고 존중할 수 있는 환경을 많이 만들어 주어야 한다.

활동명 : 다름 존중 활동

목적 : 서로의 생각이 다를 수 있음을 내면화하여 친구와의 갈등 상황을 예방한다.

준비물 : 4절 도화지, 매직, 동물 사진(거북, 카멜레온, 사자, 독수리)

소요 시간 : 45분(활동이 익숙해지면 90분)

활동 인원 : 4인 한 모둠

활동 방법

1. 나는 현재 무인도에 떨어졌다.

2. 네 마리 동물(거북, 카멜레온, 사자, 독수리) 가운데 무인도에서 함께 살고 싶은 동물 하나, 또는 무인도에서 내가 하루 동안 변하고 싶은 동물 하나를 선택한다.

3. 선택하라고 하는 순간 "사자는 암사자예요, 수사자예요? 독수리는 길들여진 건가요, 야생인가요? 거북이는 바다거북인가요, 육지거북인가요?" 등등의 질문이 쏟아진다.

4. "어떤 상태의 동물이건 여러분들이 상상한 대로, 생각한 대로 판단하고 선택하세요"라고 한 후 서두르지 말고 2분 정도 생각할 시간을 준다.

5. 학생들이 선택을 마치면 같은 동물을 선택한 아이들끼리 각각 모이게 한다.

6. 대부분의 학생들은 거북이와 독수리로 많이 몰리고, 사자와 카멜레온은 선택하는 학생이 3~4명 정도이다. 특히 카멜레온은 더 적게 나와서 모둠 활동이 힘들기에 최종적으로 사자나 카멜레온으로 생각이 바뀐 학생들이 옮겨 갈 수 있도록 기회를 준다.

7. 선택한 동물이 같은 친구들끼리 최종 모둠을 구성한다.

8. 해당 동물을 선택한 이유 다섯 가지, 나머지 세 개의 동물을 선택 하지 않은 이유 세 가지를 협의하여 활동지에 적는다.

9. 충분히 협의하면서 자신의 생각을 표출할 수 있도록 시간을 20~25분 정도 부여한다.

10. 작성된 활동지를 칠판에 게시한 후 각 모둠별로 전원이 참여하 여 발표를 하면서 생각을 서로 나눈다.

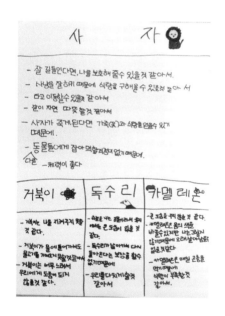

카멜레온

- 잡아먹히거나 (사자, 독수리) 밟혀 죽을 일이 없음 (거북이)
  동물에게
- 밝은 한 쪽도 됨 — 없어서 밝히 잡아 먹음
- 터리고 다닐 수 있음 (휴대성, 편리)
- 보호색을 띄어 적에게 잘 보이지 않음 → 잘 죽지 않음
- 귀여움 (일부 의견)

거북이	독수리	사자
① 밟혀 죽을 수 있다	① 먹일 음식이 많이 필요함	① 먹일 음식이 많이 필요함
② 느리다	② 날아서 도망갈 수 있음	② 크고 무겁다 (휴대성 ↓)
③ 크고 무겁다 (휴대성 ↓)	③ 잡아먹힐 수 있음	③ 잡아먹힐 수 있음

거북이 ♡

- 거북이가 제일 온순 해서
- 애완동물로 제일 적합해서
- 나를 잡아먹지 않아서
- 식량으로서 사냥할 때 가장 쉬워서
- 오래 살아서

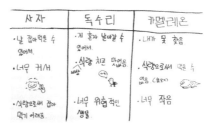

사자	독수리	카멜레온
· 날 잡아먹을 수 있어서	· 저 혼자 날아갈 수 있어서	· 내가 못 찾음
· 너무 커서	· 식량 치고 맛없음	· 식량으로서 먹을 수 없음 (돌로?)
· 식량으로써 잡아 먹기 어려움	· 너무 위협적인 생물	· 너무 작음

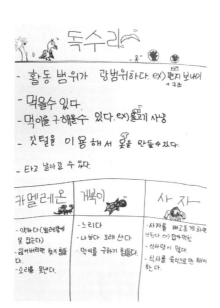

11. 전체 공유 후 활동이 끝나면 성찰의 시간을 갖는다.

12. 활동을 하면서 느낀 점, 새롭게 알게 된 점, 배운 점 등등을 나눈다.

"이렇게 여덟 개 모둠의 다양한 의견들을 서로 나누어 보았습니다. 2시간에 걸쳐 이 활동을 하는 데는 의미가 있겠죠? 이 활동의 의미가 여러분들에게 잘 스며들었는지 우리 함께 알아 가 봅시다. 붙임쪽지에 이 활동을 하면서 느낀 점, 새롭게 알게 된 점, 배운 점을 적으시고 자신의 이름을 써 주세요."

13. 붙임쪽지에 적힌 내용을 바탕으로 이 활동의 진정한 의미를 느낄 수 있도록 이끌어 가는 것은 오로지 교사의 몫이다.

14. 학생들은 자신의 생각을 글로 표현하는 데 많은 부담을 느끼며 시간도 많이 필요하다. 이 부분에서도 재촉하지 않고 충분히 생각할 수 있는 시간을 부여한다.
15. 성찰은 본 활동의 가장 중요한 부분이므로, 진지하게 나누며 활동의 의미를 찾아간다.

이 활동의 가치는 활동 후 성찰 과정에서 빛을 발한다. 학급 친구들이 나와 다르다는 것을 교사의 지시가 아닌 친구들과의 모둠 협의회를 통해서 자연스럽게 내면화할 수 있기 때문이다. 한 가지 주의할 것은, 사자나 거북이, 독수리, 카멜레온의 특징에만 집중할 수 있으므로 교사는 '나와 다름을 인정하는 것'이 핵심임을 학생들에게 안내해야 한다.

해마다 이 활동을 실시하는데, 매번 느끼는 행복이 있다. 학생들이 주변 친구들과 더 나은 관계를 맺는 데 교사로서 조금이나마 도움이 된다는 보람 때문이다. 활동을 하다 보면 아이들은 각양각색의 고민에 빠진다. 어떤 동물을 선택할지 오래 고민하고, 더러는 자신이 선택한 동물에 대해 협의하는 과정에서 동물의 해부학적 측면으로 접근하는 학생도 있다. 이렇게 수업 의도와는 전혀 다른 상황을 빚어내는 아이들에게 어떻게 선택하고, 자신이 선택한 동물에 대해 어떤 방향으로 협의해야 하는지 알려 주는 것 또한 보람이다.

활동의 의도에 부합하는 소감과 성찰을 이끌어 낸 것으로 본 활동은 마무리가 된다. 좀 더 욕심을 낸다면 나와 다름을 존중할 수 있는 역할극을 진행하는 것도 좋다. 아이들이 나와 다름을 존중해야 한다고 인지하는 것과 갈등 상황 속에서 풀어낼 수 있는 역량은 별개이다. 마치 부모님을 사랑하지만 사랑한다는 말을 하기가 어려운 것과 같다. 모둠별로 갈등 상황을 제시하고, 서로 다름을 존중하면서 갈등 상황을 해결해 나갈 수 있는 기회를 제공한다면 더 완벽한 활동이 될 것이다.

알아 두면 좋은 꿀팁

학생들이 활동의 의미를 전혀 파악하지 못하는 소감을 나눌 때 교사의 대처

'동물의 장단점에 대해 알게 되었다, 발표를 할 수 있어서 좋았다, 친구들과 의견을 나누어 재미있었다, 친구들의 발표 스타일을 알게 되었다, 상상하는 것이 좋았다, 독수리가 좋아졌다, 동물이 필요하다는 것을 알게 되었다, 동물을 먹을 대상으로만 생각하고 말동무 상대로 보지 않는 것이 신기했다, 사람의 잔혹함에 놀랐다, 독수리에 대한 무지함을 느꼈다, 여러 동물이 쓸모가 있다는 것을 느꼈다.'

이런 소감은 수업 의도에서 벗어나 있다. 학생들의 수준에서

는 당연한 소감일 수 있는데, 바로 이 순간이 학생들을 수업자의 의도대로 이끌어 올 수 있는 최적의 타이밍이다.

우선 절대 실망했다거나 어이없다는 표정을 보여서는 안 된다. 교사의 몸짓이나 행동에서 학생들이 교사의 기대에 미치지 못했다는 것을 느낀다면 그때부터 학생들은 교사의 눈치를 보기 시작한다. 추후 다른 활동에서 학생들과의 관계 형성이 어렵게 되어 자유로운 생각을 표현하지 않고 교사가 원하는 소감만을 나누게 되어 진정한 활동을 꾸려 나가지 못한다.

"여러분들은 활동 결과물에서도 예상치 못한 이야기를 풀어놓더니, 소감에서도 참 다양한 의견이 나왔습니다. 선생님도 '우리 친구들이 이렇게 다양하게 느끼고 있구나'라는 생각이 들어 신기하기도 하고 재미있었습니다. 그러면 몇몇 친구의 소감을 함께 나누어 볼까요?"

이렇게 하면서 활동의 의미와 부합하는 친구들의 소감을 공유하면 학생들은 자연스럽게 의미를 찾아갈 수 있다.

활동이 이벤트성으로 끝나지 않도록 안내하기

본 활동의 의의를 학생들이 스스로 찾아갈 수 있는 발문을 준비하여 안내한다.

"만약 우리 반 모든 친구들이 사자의 기질을 가지고 있다면 우리 반 분위기는 어떨까요?"

"매일 싸울 것 같아요"

"만약 우리 반 모든 친구들이 거북이 기질을 가지고 있다면 우리 반 분위기는 어떨까요?"

"느려서 졸릴 것 같아요"

"그렇죠? 참 다행이죠? 우리 반에는 사자, 거북이, 독수리, 카멜레온의 기질을 가진 친구들이 모두 고르게 어우러져 있으니 우리 반 분위기와 색깔이 참 다채롭습니다. 올 한해 우리 반에서 어떤 아름다운 그림이 그려질지 기대됩니다. 우리 반의 그림이 멋지게 완성될 수 있도록 서로 다름을 인정하고 존중하면서 학급 생활하기로 해요"

활동의 의미를 학생들 스스로 인지할 수 있도록 안내하기

"사자를 선택한 모둠은 맞았고, 카멜레온은 선택한 모둠은 틀렸나요?"

"아니요."

"맞습니다. 무엇을 선택하든 우리의 의견에 맞고 틀림은 없습니다. 그저 다를 뿐이죠. 내가 선택하지 않은 동물을 선택한 모둠의 이야기를 들어 보니 어떤가요? 맞는 것 같아요, 틀린 것 같아요?"

"맞는 것 같아요."

"네, 나의 의견과 다를 때 우리는 어떻게 해야 할까요?"

"서로 얘기해요."

"대화를 해 봐요."

"네, 맞습니다. 우리 이제 새학년이 된 지 1주일이 지났어요. 앞으로 같은 반에서 서로 의견이 달라 일어나는 갈등 상황이 많을 거예요. 다양한 의견으로 갈등이 일어나는 학급은 지극히 건강하고 발전 가능성이 무한한 학급입니다. 그때마다 우리는 이 활동의 의미를 되새기면서 다른 의견을 낸 친구의 이야기를 경청합시다. 친구의 의견을 틀린 것이 아니라 다르다고 여기면서 서로 존중하는 성숙한 모습을 보여 주시기 바랍니다."

8장

모두가 동의한 규칙일 때 행복해요

태중이는 대부분의 규칙을 지키지 않는다. 초등학교 시절에는 수영에서 4관왕을 차지할 정도로 수영에 두각을 나타냈고, 외모도 준수하여 첫인상은 매우 호감형이다. 그렇다 보니 그 아이 주변에는 늘함께 동조하고 싶어 하는 무리들이 따라다니며 힘을 더해 준다. 점심시간에 복도를 지나가는데 태중이가 창틀에 앉아서 스마트폰을 하고있었다.

"태중아, 위험하니 내려오렴."

"안 위험한데요?"

"그러다가 다칠 수 있단다."

"상관없어요."

"잠깐, 너 스마트폰은 제출해야 하는 거 아니니?"

"공기계라 상관없어요."

학년 초나 학기 초가 되면 멋지고 행복한 교육공동체를 꿈꾸며 교실 내에서 지켜야 할 규칙을 세운다. 규칙은 안전하고 질서 있는 학습 환경을 만들어 주며, 학생들이 서로 존중하고 협력하는 데에도 도움이 된다. 그러므로 규칙을 만들 때에는 학급 전원이 참여하고, 동의하는 과정을 반드시 거쳐야 한다.

태중이는 항상 긍정적으로 대답은 하지만 행동은 반항으로 일관되어 있다. 이러한 학생에게는 더욱 규칙이 필요하다. 왜냐하면 언제 어떤 돌발상황이 일어날지 모르기 때문이고, 이러한 상황에서 다른 아이들은 늘 불안감을 느낄 수 있다. 따라서 모두에게 안전한 학급을 만들기 위해서는 학급 규칙이 반드시 필요하다. 무엇보다 학급 구성원 모두가 동의한 규칙을 만드는 것이 중요하며, 그래야 학급 구성원 서로가 서로를 존중하게 되고, 그 존중이 나아가 서로의 행동 변화로 이어질 수 있다.

적용한 긍정훈육 기술

학급을 안전하게 이끌어 주는 안내서를 '동의와 가이드라인'이라고 부른다. 학생 누구나 실수를 한다. 그때 자신의 행동이 부른 결과를 경험하게 하고, 그에 대한 책임을 지게 함으로써 삶의 지혜를 키워 주어야 한다. 실수가 나쁜 것이 아님을 깨닫도록 돕는 것이다. 이때 필요한 안내서가 바로 '동의와 가이드라인'이다. '동의와 가이드라인' 만들기는 학급 자치 시간이나 수업 시간을 활용하는 것이 좋다.

활동명 : 동의와 가이드라인 만들기

1. 학급 가이드라인 세우기

1) 미래의 바람 적기 : 예전에 어떤 상황이 힘들었는지, 그래서 앞으로는 그런 상황에 어떻게 됐으면 좋겠는지 바람을 적게 한다.

2) 미래의 바람 나누기 : 앞으로의 바람이나 목표를 적게 하여, 긍정적인 변화를 위한 방향성을 제시한다.

• "어떤 교실을 만들고 싶나요?"라고 질문하여 학생들의 의견을 수렴할 수 있다.

3) 허용 범위 설정 : 학생들에게는 허용할 수 있는 행동의 범위를 명확히 하고, 그 범위 내에서 자유롭게 표현하게 한다.

4) 학급 자치 활동 : 학급 자치 시간이나 수업 시간에 학생들이 직접 규칙과 기준을 정하는 활동을 진행한다.

5) 모두의 동의 : 학기 초에 모든 학생이 동의하는 규칙을 만들고, 이를 지속적으로 지킨다.

> **Tip**
> • 정기적으로 규칙을 점검하고, 필요에 따라 수정
> • 규칙을 만들면서 서로의 입장을 이해하고, 갈등을 해결하는 방법 배우기

2. 수업 가이드라인 세우기

• 과거 미래 생각 정리하기

- 학생들에게 지금껏 힘들었던 것과 앞으로 어떻게 행동하고 말할지에 대해 질문하기
- 수업 시간 내에 모둠 활동 시 지켜야 할 규칙 세우기
- 수업에 방해되는 행동과 권장 행동 정하기
- 수업에서 우리가 지켜야 할 키워드 적기
- 칠판에 모두 붙이고 유목화하기
- 우리에게 꼭 필요한 키워드 세 개 선정하기
- '우리는 _____ 수업이 되기를 바랍니다'로 명료화하기
- Do, Don't 찾아가기

> **Tip**
>
> 학생이 적절하지 않은 제안을 한다고 해서 부정하거나 교사가 직접 수정하지 않는다. 제안에 담긴 학생의 마음에 공감한 다음 가이드라인의 한계를 다시 한 번 명확하게 한다. 예를 들어, 학생이 "점심시간을 1시간 30분으로 늘려 주세요"라고 한다면, 교사는 "우와, 무척 여유로워지겠구나! 하지만 우리 학급 가이드라인은 학교의 가이드라인 안에서 정해야 한단다"라고 말하고 다음 단계로 이어 간다.

3. 나 전달법을 활용한 불편한 상황 이야기하기

- 불편한 상황이 생겼을 때 나 전달법(142쪽 참고)으로 나의 감정 전달하기
- 불편한 상황을 만드는 문제 행동을 멈추고, 어떻게 행동해야 하는지 구체적으로 알려 주기
- 교실에 게시하여 문제 해결에 사용하기

효과적인 규칙 수립을 위한 제안

- 규칙은 간단명료하고 구체적이어야 하며 모호하거나 추상적인

규칙은 실천하기 어렵다.

- 너무 규칙이 많으면 기억하고 실천하기가 어렵다.
- 규칙 만들기 과정에 학생들을 적극 참여시켜 규칙에 대한 주인의 식과 수용성을 높인다.
- 현실성 있고 실천 가능한 규칙이어야 한다.
- 긍정적이고 허용적인 문구를 사용하여 금지나 제한의 표현보다는 격려와 지지의 메시지가 효과적이다.

규칙 준수를 높이기 위한 방법

- 교사가 솔선하여 규칙을 지키는 교사의 역할 모델링이 중요하다.
- 규칙을 수시로 상기시키고 규칙을 잘 지키는 학생을 격려한다.
- 가정과 연계하여 부모님들도 규칙 준수의 중요성을 강조하도록 한다.
- 규칙 위반 시 합리적인 결과와 지도로 단순 벌보다는 반성과 개선의 기회를 제공한다.
- 규칙을 시각화하여 교실 공간 중에서 눈에 잘 띄는 곳에 게시한다.

지속적인 규칙 개선을 위한 피드백 활용

- 정기적으로 학생들의 피드백을 수렴하여 규칙의 실효성과 문제점을 점검한다.
- 피드백 내용을 바탕으로 규칙 수정 및 보완이 필요한지 검토한다.
- 학생 대표나 모둠장과 협의하여 규칙 개선안을 마련하고 전체 학생들의 동의를 구한다.
- 개선된 규칙을 안내하고 실천 방안을 공유하여 지속적인 실천이 되도록 한다.

위 가이드라인만으로는 문제 행동이 수정되지 않을 경우 아래 방법을 더 실행하기를 제안한다.

행동을 수정하기 전에 연결하기

긍정적인 강화와 대화

교실은 아이들이 모여 있는 작은 사회다. 교실 안에서 규칙을 지키지 않는 학생들이 있다면, 긍정적인 강화와 대화를 사용해 지도해야 한다.

민우와 동윤이는 규칙을 어기거나 실수하였을 때 "왜 저한테만 뭐라고 하세요?"라고 오히려 화를 냈다. 수업중이나 쉬는 시간에 일어나는 문제 행동 대부분은 아이들의 이야기를 듣지 않거나 감정을 존중해 주지 않아서 일어난다. 그래서 이 두 아이들에게 호기심 질문을 통한 스스로 알아차림을 연습시켰다. 덕분에 이제는 화를 내지 않고 자신의 잘못을 인정하는 경우가 더 많아졌다. 이렇듯 사회적 기술이 부족한 아이들에게는 연습이 중요하다.

용기 심어 주기

서로 존중하며 안전한 교실이 되기 위해 교사의 철학과 더불어 함께 지켜 가는 교실 약속, 서로가 존중하는 말과 행동에 따른 문제 해결 기술이 필요하다. 학기 초 교실 내에서의 학급 약속과 수업 약속을 적용했지만 행동이 수정되지 않는 시은이와 명철이 역시 학급 약속과 수업 약속으로 행동이 수정되지 않았다. 잠시도 가만히 있지 못하고, 수업을 방해하는 문제 행동을 계속했다. 반 아이들은 두 아이의 행동 때문에 불편해 했다. 이런 아이들에게는 긍정적인 표현과 행동으로 다가가는 것이 좋다. 예를 들어 '하지 마'가 아닌 '하자'의 긍정적 표현을 사용함으로써 아이들의 행동을 금지하는 것이 아닌, '같이 하자'고 용기를 북돋우는 용기 심어 주기가 필요하다.(211쪽 참고)

간단한 안부 묻기와 긍정적인 표현

수진이와 민선이는 쉬는 시간이면 늘 무리 지어 다니며 복도를 소란스럽게 했다. 그래서 복도에서 두 아이를 마주칠 때마다 한 번도 빠짐없이 간단하게나마 안부를 물었다. 그리고 건네는 모든 말마다 긍정적인 표현으로 채웠다. 자신들을 인정해 준다는 생각이 들었는지 조금씩 자신들의 이야기를 하며 다가오기 시작했다.

학생들이 교실 규칙을 정하는 데 참여하는 것은 매우 긍정적인 효과를 가져온다. 학생들이 규칙을 직접 만들면 자신의 행동에 대한 책임감을 느끼게 되며, 교실 공동체의 일원으로서 소속감을 느끼게 된다. 서로의 의견을 나누고 조율하는 과정을 통해 의사소통 능력이 발전하게 된다. 또한 자신이 참여하여 만든 규칙이기 때문에 더 잘 지키려는 마음이 생겨 규칙을 만들면서 서로의 입장을 이해하고, 갈등을 해결하는 방법을 배우게 된다. 이러한 과정을 통해 학생들이 교실에서 더 행복하고 긍정적인 경험을 하는 계기가 마련된다.

아이들에게 필요한 것으로 '하루 습관 만들기'가 하나 더 있다. 습관 만들기를 작성해 약속을 하고 지켜 나가면서 스스로 자신감을 얻을 수 있다. 나아가 계획을 세우면 다음에 무엇을 해야 하는지 알 수 있어 안정감을 가질 수 있다. 좋은 습관이 좋은 행동을 만드는 것처럼 작은 습관을 통해 큰 습관과 학교의 규칙, 학급의 규칙을 익히고 실천해 나가는 습관으로 연결 지어 갈 수 있다.

9장

마음을 키우는 감정 조절

책임감이 강한 다영이는 수업을 마치면 칠판을 깨끗하게 정리하는 역할을 맡았다. 어느 날부터 학급 친구들이 쉬는 시간에 칠판에 낙서를 해서 다영이는 낙서하는 친구들에게 "얘들아, 칠판에 낙서하지 마. 곧 수업이야!"라며 말렸다. 하지만 아이들은 칠판에 낙서하는 즐거움에 빠져 다영이의 말을 무시했다. 담임 선생님에게도 친구들이 자꾸 칠판에 낙서를 한다고 여러 번 알렸지만 아이들은 잔소리를 들을 때만 잠시 멈출 뿐 다시 낙서를 했다.

이러한 상황이 계속되자 다영이는 더 이상 참을 수가 없었다. 그동안 누르고 있던 감정이 폭발해 가방에서 연필 깎는 커터칼을 꺼내 들고는 소리를 질렀다.

"너희들 지금 내 말 무시하는 거야? 칠판에 낙서하지 말라고!"

그때 반에 있던 아이들은 놀라움과 충격에 휩싸였고, 그때부터 학급 친구들은 다영이와 거리를 두기 시작했다.

감정을 좋다, 나쁘다로 판단할 수는 없다. 하지만 이 감정이 우리 아이들의 마음과 행동을 지배한다. 청소년은 발달 특성상 외부 자극에 예민하며 자신의 감정을 있는 그대로 수용하거나 해소하는 대신 '3f'(싸움 fight, 도망 flight, 회피 freeze)로 반응한다.

감정에 갇힌 아이들

그날 이후 그 누구도 다영이에게 말을 걸지 않았다. 미술 시간에 감정 표현하기 활동에서 다영이는 현재 자신의 감정은 '우울한, 외로운'이며 내가 뭘 잘해도 아무도 알아봐 주지 않으니까 우울하고 외롭다라는 생각을 써 놓았다.

교실에서 불안한, 외로운, 초조한 등과 같은 정서 상태인 아이들은 이로 인해 타인의 행동에 대하여 예민하고 자기방어를 위해 공격적인 행동과 회피 경향을 보인다. 2년째 친구 없이 고립된 생활을 하는 다영이도 자신이 감정을 폭발시킨 사건 때문에 친구가 없다고 생각한다. 그날 자신의 감정을 누르고 참았더라면 하는 후회를 반복하면서 마음을 나누는 친구가 생기기를 간절하게 바라고 있지만 친구에게 먼저 다가가서 말을 걸어 볼 용기는 없다. 이와 같이 감정은, 행동의 원동력이 되고, 방향을 결정하는 데 영향을 미친다.

적용한 긍정훈육 기술

감정 기복이 심한 청소년기에 자신의 감정을 알아차리고 있는 그대로 받아들이면서 해소하거나 또는 상황에 따라서는 스스로 감정을 조절하는 능력을 연습한다면 높은 자신감과 자존감으로 더 즐겁게 학교생활을 할 수 있을 것이다.

활동

감정 알아차리기

청소년의 '욱!' 하는 감정과 손바닥 뇌 이론

- 아이들에게 손바닥 뇌 이론을 알려 주고 화가 났을 때 자신의 감정을 스스로 알아차리게 한다.
- 감정 변화가 일어나는 상태를 알아차리고 다른 사람에게 본인의 감정 상태를 비언어로 알려 줌으로써 감정에서 물러날 수 있다.
- 감정을 억누르거나 회피하지 않고 자신의 감정을 스스로 알아차리고 조절하는 과정을 경험할 수 있다.

친구들과 같이 지내다 보면 말 한마디로도 마음에 상처를 받고 감정이 요동칠 때가 있다. 다니엘 시겔의 손바닥 뇌 이론에서는 이런 순간을 가리켜 '뚜껑이 열린 상태'라고 한다.

손바닥 뇌 이론은, 인간의 뇌 구조를 손바닥에 비유하여 뇌가 하는 일을 설명했다. 손바닥을 편 상태에서 손목은 뇌간이라 하며, 이는 숨쉬기와 심장 박동 등을 하면서 생명 유지를 관장하는

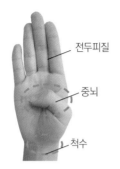

[그림 1] 화가 나면 뚜껑이 열려 이성적인 사고가 불가능해짐

[그림 2] 이성적 사고가 가능한 상태

파충류의 뇌에 해당한다. 그리고 손목 위 엄지는 중뇌에 해당하며, 중뇌에서 변연계와 해마는 감정을 처리하고 기억을 저장하는 역할을 하기 때문에 포유류의 뇌라고도 한다. 그 상태에서 나머지 네 개의 손가락을 붙여서 편 상태를 전두피질이라고 한다.[그림 1] 이 부분은 인간의 사고력, 이성을 관장하고 있어서 신인류의 뇌라고 불린다.

이때 네 개의 손가락을 붙여서 엄지 위를 덮어 주면 주먹을 쥔 상태[그림 2] 가 되는데, 이때 앞으로 튀어나온 부분을 전전두엽이라고 하고, 이 부분은 인간의 도덕성과 감정 이해, 자기 조절 능력 등의 고등 사고 기능을 담당한다. 이와 같이 주먹을 쥔 상태는 이성이 작동하는 상태라서 감정 조절이 가능하다. 하지만 나를 약올려서 화가 나면, 이 상태를 '뚜껑이 열린다'라고 표현하는데, 이것은 엄지(변연계)를 덮은 네 손가락(전두피질)이 열린 상태로[그림 1] 이성이 작동하지 않고 감정의 뇌가 활성화되어 있는 상태를 말한다.

뚜껑이 열리면 인간은 3뇌로 감정에 대응한다. 그래서 그 상태에서는 자신 또는 다른 사람에게 상처를 주고 문제를 악화시킬 수 있다. 그래서 이때 상대에게 화를 내는 대신 '나는 지금 뚜껑이 열렸어. 이런 상태야'라고 손바닥을 펼쳐 보인다. 이런 행동이 가능한 것은, 스스로 자신의 감정 상태를 알아차린 덕분이다.

또 상대에게도 나의 감정을 화 내지 않고 손바닥으로 분명하게 표현할 수 있었다. 덕분에 두 사람 모두 감정에서 한 발짝 물러날 수 있었다. 동생과 내가 3f, 싸움, 도망, 회피 반응으로 감정을 풀기 전에 잠깐 멈춤 상태를 유지하여 감정에서 물러나 이성이 작동할 수 있는 계기를 만들어 준다.

청소년기는 감정의 뇌가 완성되어 활발하게 작용하는 반면, 전두엽은 미완성 상태이기 때문에 다양한 외부 자극에 감정으로 반응하는 현상을 보인다. 수업 시간마다 잡담을 하는 학생에게 '집중하자'라는 교사의 훈육도 '다른 애들도 다 떠드는데 왜 저만 지적하세요'라고 화를 내는 것도 감정의 뇌가 먼저 작동하는 예이다.

활용 사례

- (수업을 마치고 나오는데 복도에 있던 학생이) '선생님 뚜껑 열렸어요?'라면서 손바닥을 펼쳐 보임
- 민성이가 손바닥을 펼쳐 보이며 '나는 지금 슬퍼요'라고 자신의 감정을 표현함.
- (수업 시간 잡담으로 소란스러운 때) 손바닥을 보여 주면서 '지금 이 상태야!'(너희가 소란스러워서 나는 '뚜껑이 열렸어')라고 내 감정과 하고 싶은 말을 조용히 전달함.

- (장난을 심하게 치던 학생 두 명) 그러다 한 명이 너무 세게 맞아서 기분이 나빠지자 욕을 섞어 말하며 화내지 않고, 손바닥을 펴서 '나 지금 뚜껑이 열렸어'라고 보여 줌으로써 상대방 친구가 장난을 멈추는 효과를 얻음.

행동의 패턴 바꾸기

사건-생각-감정-결과(행동) 패턴으로 감정 조절하기

준비물 : B4 용지, 색연필과 같은 간단한 채색 도구, 볼펜 등
발문 : "최근에 내 마음을 흔들었던 사건이 있었나요?"

그 상황과 관련해서 생각-감정-행동의 패턴을 알아봅시다.

| 1. 사건 | 2. 생각 | 3. 감정 | 4. 결과(행동) |

1단계 사건 : 감정을 촉발시킨 외부 자극이나 상황, 사건을 구체적으로 적는다.

2단계 생각 : 그 사건에 대한 자신의 해석이나 생각을 적는다.

3단계 감정 : 생각에 따른 감정을 적는다.

4단계 결과(행동) : 생각과 감정에 따라 자신이 어떤 행동으로 대응했는지 적는다.

5. 생각   6. 감정   7. 행동

5단계 2단계의 주관적인 해석을 그 당시 상대방의 입장이나 다른 관점으로 생각해 본다.

6단계 감정을 바꾼다.

7단계 행동을 바꾼다.

〈실천 사례〉

▶ **1단계** 사건 : 설날에 세배를 했는데 세뱃돈을 언니는 10만 원, 나는 3만 원을 받았다. 부모님에게 나는 왜 3만 원인지 따졌더니 "3만 원도 뺏기기 전에 조용히 해"라고 혼내며 내 의견을 무시했다.

▶ **2단계** 생각 : 나이 차이도 두 살밖에 안 나고 내가 언니보다 못한 것도 없는데 세뱃돈을 적게 받으니 설날이 싫고 부모님과 이야기하는 것도 싫었다.

▶ **3단계** 감정 : 화가 나고 무시당하는 것 같아 짜증이 났다.

▶ **4단계** 행동 : 부모님께 화를 내고 언니랑도 안면 무시하면서 사이가 어색해졌다. 나도 속으로 '나한테 말 걸지 마'라고 외치며 화를 참고 있었다.

▶ **5단계** 생각 바꾸기 : 할머니 할아버지께서 용돈을 주신 건데 금액을 따지는 것도 올바르지 않고, 금액이 적다는 불만을 부모님께 따지는 행동이 부모님도 화가 나서 내 말을 무시했을 수도 있겠다. 공돈이 생긴 거고 3만 원도 큰돈이라는 생각이 들었다.

▶ **6단계** : 할머니 할아버지께 죄송하고 부모님께도 미안한 마음이 들면서 마음이 차분해졌다.

▶ **7단계** : 3만 원도 큰돈이고 공돈이 생겼다고 생각하니 기분이 좋아져서 부모님께 사과를 했다. "엄마, 아빠 아까 화내서 죄송합니다."

◆ **교과와 연결** 미술 시간에 감정, 생각, 행동에 어울리는 색, 형태로 낙서하듯이 자유롭게 꾸미면서 시각적 표현 활동을 통해 감정을 해소한다.

〈학생 소감〉

영재 : "감정은 순간적으로 올라와서 내 마음을 지배하지만 상대방의 입장에서 다시 한 번 생각해 보니 감정이 바뀌기도 하는구나."

우진 : "사건이 발생했을 때 내가 먼저 판단하고 생각한 것은 사실이 아닐수도 있겠다. 그래서 감정도 부정적이었구나. 생각을 바꾸면 감정도

바꿀 수 있겠다."

서연 : "화를 내기 전에 다른 사람의 입장에서 생각해 봐야겠다."

희선 : "행동은 억지로 바뀌지 않는다. 감정이나 생각을 바꿔야 더 나은 행
동을 할 수 있다."

〈말과 호흡으로 감정 조절하기〉

아주 작은 사소한 사건에서도 감정은 롤러코스터를 탄다. 불쑥불쑥 솟
아오르는 부정적인 감정으로 마음이 힘들 때는 다음과 같은 언어 표현
과 호흡으로 감정의 굴레에서 벗어날 수 있다. 문득 어떤 생각이 떠올라
마음이 불편할 때는 주변을 둘러보고 다음과 같이 말하고 행동한다.

1단계 : 가장 가까운 곳에서 먼저 눈에 띄는 대상을 보면서 "저것은 책
상이다"라고 대상을 꾸미지 않고 말한 후 심호흡을 크게 한다.

2단계 : 두 번째로 눈에 보이는 대상을 향해 "저것은 유리창이다"라고
말한 후 심호흡을 크게 한다.

3단계 : 세 번째 눈에 보이는 대상을 향해 "저것은 칠판이다"라고 말한
후 심호흡을 크게 한다.

감정의 지배를 받던 뇌가 특정 대상을 시각으로 보고 말을 하는 행위를
통해 전두엽이 활성화되어 감정을 조절할 수 있게 된다. 이렇게 일상에
서 불안과 우울한 감정이 솟아오를 때마다 위 방법으로 감정을 조절하면
편안하고 즐거운 마음 상태를 유지하며 즐겁게 일상 생활을 할 수 있다.

교과 수업과 연결하기

미술 시간에 현재 자신의 감정에 이름을 붙여 주고 감정 이모
티콘 그리기를 할 수 있다. 완성한 감정 이모티콘을 스티커로
제작하여 자신의 책상에 오늘 하루 나의 감정 표현하기나 학급
게시판에 마음 날씨란이나 감정 나무를 만들어 스티커를 붙여
서 감정을 표현하고 공감하는 활동을 일상 속에서 배우고 실천
할 수 있도록 할 수 있다.

〈감정 이모티콘〉

10장

흔들리며 꽃피우는 학급회의

"선생님, 승혁이가 자꾸 툭툭 쳐요. 그전부터 저한테만 그러는 것 같
아서 짜증나요."

"3반 담임선생님! 3반 아이들 요즘 수업 시간에 집중도 잘 안 하고
방해하는 아이들이 점점 늘어나네요."

"준재 엄마예요. 교실에서 아이들이 심한 욕과 뒷담화를 많이 한다고
들었습니다."

"뭐라고요? 그럴 리가요. 그 정도인 줄 몰랐는데요."

'나는 담임 경험이 많지 않은데 이런저런 문제를 다 해결하면서 학
급을 이끌고 가야 한다니. 어떻게 해야 좋을까? 무슨 뾰족한 수가
없을까?'

흔들리는 우리 반, 무엇부터 해야 할까?

사소한 것부터 특별한 것까지 학급에서 발생하는 일은 매우 많고 다양하다. 폭력적인 아이, 개성 강한 아이, 힘을 가진 아이, 소극적인 아이, 친구를 놀리는 아이, 말만 앞서는 아이, 행동이 거칠어 피해를 주는 아이, 사차원 생각에 빠진 아이…….

타고난 기질과 각 가정의 양육 방식에 따라 각자의 모양으로 자란 아이들이 한 교실에 모여 아침부터 같은 일정으로 같은 수업을 들으며 일과를 따라간다. 그런데 어떻게 갈등과 마찰이 없겠으며 사안이 발생하지 않겠는가! 그 모든 것을 담임 교사가 끌어안고 해결하기에는 힘에 부친다는 것을 잘 안다. 끌어안아도 밖으로 툭툭 튀어 나가는 아이들이건만 특별한 방법을 가지고 있지 않는 한 끌려 들어온 아이들을 잡고 있는 것도 힘겨운 것이 요즘 교실의 현실이다.

담임 교사 혼자 감당할 수는 없다. 학급에서의 불편은 개선되지 않으면 다른 아이들에게까지 번져서 학급 공동체의 문제가 되기도 한다. 이렇듯 개인의 문제가 학급 공동체의 문제로 확산되기 전에 해결책을 찾아 개선해야 하는 것들은 학급에 늘 존재한다. 그 문제 해결을 위해 긍정훈육의 학급회의를 제안해 본다.

기존 학급회의가 목표와 결과에 따른 상벌이 적용된 수동적 회의라면, 긍정훈육의 학급회의는 아이들 스스로 제안하고 해결해 가는 과정이다. 안건을 자발적으로 제시하고, 공동체의 목표를 함께 선정하며, 공동체 의식을 발휘해 해결책을 찾는 과정에서 아이들은 협력을 배우고 소속감과 자존감을 확인할 수 있다. 특히 협력은 학급회의를 통해 배울 수 있는 가장 중요한 요소다.

활동

긍정훈육 학급회의로

목적 : 소통·협력하여 문제를 해결하며, 책임감을 기르고 긍정적인 행동을 촉진하는 공동체 의식을 형성한다.

준비물 : 붙임쪽지, 필기구, A1 용지, 유성 매직

소요 시간 : 45분

활동 인원 : 학급 전체

좌석 배치 : 둥근 원(의자만)

1단계 주먹 펴기 활동

- "두 명씩 짝입니다. 한 사람은 주먹을 쥐고 다른 한 사람은 그 주먹을 펴는 거예요. 시간은 30초입니다."
- "주먹을 폈나요? 주먹이 안 펴지도록 잘 버텼나요?"
- "힘을 사용하지 않았다면 어떤 다른 방법이 있을까요?"
- "주먹 펴기 활동은 힘의 작용을 생각해 볼 수 있어요. 교실에서도 힘으로 문제를 해결한다면 어떨까요? 발생한 문제를 잘 해결할 수 있는 친구도 있지만 그렇지 않은 친구도 있겠지요."
- "문제를 힘이나 경쟁으로 해결하는 것이 아니라, 존중과 배려의 분위기에서 서로 소통하며 문제를 해결해 가는 학급회의를 통해서

안전하고 행복한 학교생활을 할 수 있도록 하려는 거예요."

2단계 학급회의 진행 절차 및 방법

	절차	방법	주의점
1	자리 배치	• 원이나 'ㄷ' 형태로 앉는다. (책상 없이 의자만) ▶ 책상이 있는 경우 회의 효과가 떨어진다는 연구 결과가 있음	• 빠르고 안전하고 조용하게! • 원 만드는 데 걸리는 시간을 측정, 여러 번 연습한다. • 교사도 공동체 일원이므로 원에 함께 앉는다.
2	역할 나누기	• 기록이, 평화 지킴이, 시간 지킴이, 소음 측정기 등으로 역할을 나눈다.	• 역할을 맡는 것이 소속감을 느끼게 한다. • 회의 진행이 원활해진다.
3	감사 나누기	• 감사하기나 사과하기를 돌아가며 나눈다. ▶ 처음에는 '패스'가 가능하며 다음부터는 할 수 없다. ▶ 경청을 위해 '토킹 스틱'을 이용할 수도 있다. (이야기하는 사람이 잡고 말할 수 있는 소품으로, 만졌을 때 느낌이 좋은 꽃 막대나 마술봉, 작은 인형 등이 적당하다.)	• 고마웠던 친구나 미안한 친구에게 감사의 말, 사과의 말 전하기(선택) • 편안하고 좋은 시간이 될 수 있도록 긍정적인 분위기를 형성할 수 있다.
4	회의 목적 확인 하기 (함께 선언 하기)	• 함께 낭독한다. 우리는 서로 비난하거나 상대를 쉽게 평가하거나 판단하지 않습니다. 문제 해결에 초점을 두며 발언은 돌아가며 공평하게 합니다. 회의의 목적은 서로 마음을 나누고 문제를 해결하며 함께 성장하는 것입니다.	• 의미를 생각하며 읽는다.

5	지난 회의 평가 하기	• 지난 회의에서 결정된 것이 잘 실천되었는지 평가한다. ▶ 손가락으로 표시한다. (자기 평가) ▶ 잘 지키지 못한 아이의 이야기를 들어 본다.	• 회의 결정 사항은 뒷문에 게시해 놓는다. • 과반수 이상이 지키지 못했다면 안건으로 다시 다룬다.
6	안건 정하기	• 제안한 안건에 대해 설명을 듣는다. ▶ 기록자는 칠판에 안건 쓰기	
7	브레인 스토밍 하기	• 브레인스토밍으로 다양한 해결 방안을 모은다. ▶ 의견이 없으면 '패스'할 수 있다. ▶ 기록자는 칠판에 안건 쓰기 ▶ 3R 1H에 맞는 해결 방안을 정한다.	• 비난, 조롱하지 않고 경청하며 수용한다. • 정해진 해결 방법들을 종이에 적어 교실에 게시한다.
8	결정 하기	• 3R1H에 적합한 해결 방법 선정한다.	〈3R1H〉 • 연관성Related : 문제와 해결책이 관련 있는가? • 존중Respectful : 해결책이 존중하는 방식인가? • 합리성Reasonable : 해결책이 합리적인가? • 도움Helpful : 문제 해결에 도움이 되는가?
9	역할극	• 관련 상황을 실제 역할극을 통해 경험한다. ▶ 짧게, 과장해서 즐긴다. ▶ 해당 역할은 지원받아 진행하고 그외 친구들은 관찰자로 참여한다.	• 문제 이해를 위해 역할극을 할 경우 문제에 대한 몰입과 이해가 깊어진다. • 문제 상황과 해결책에서 역할극이 가능하다. • 상황에 따라 생략 가능하다.

10	소감 나누기	• 회의에 참여한 것에 감사한 마음과 소감을 돌아가며 나 눈다.	• 시간 여유가 되면 공동체 놀 이를 할 수 있다.

3단계 학급회의 진행 대사

	절차	진행 대사
1	자리 배치	• 둥그렇게 원 모양으로 앉아 주세요.
2	역할 나누기	• 역할을 나누어 진행하려 합니다. • 평화 지킴이 할 사람? 소음 측정기 할 사람? 시간 지킴이 할 사람? 기록이 할 사람?

3	감사
	나누기
		• 감사하거나 사과할 내용을 넣어서 발표합니다.
		  감사한 사람은 _____ 입니다.
		  왜냐하면 _____ 덕분에 _____ 습니다(입니다).

4	회의
	목적
	확인
	하기
	(함께
	선언
	하기)
		• 함께 낭독합니다.
		  우리는 서로 비난하거나 상대를 쉽게 평가하거나 판단하지
		  않습니다. 문제 해결에 초점을 두며 발언은 돌아가며 공평하
		  게 합니다. 회의의 목적은 서로 마음을 나누고 문제를 해결
		  하며 함께 성장하는 것입니다.

5	지난 회의 평가 하기	• 지난 회의에서 결정된 것을 잘 실천했는지 돌아봅시다. 지난 회의 결정 사항은 _____ 입니다. • 방법이 문제 해결에 효과적이었나요?

6	안건 정하기	• 안건을 돌아가며 발표하겠습니다. 제가 해결하고 싶은 문제는 _____ 입니다. 에 넣어서 발표해 주세요. • 앞에서 나온 이야기와 같다면 제가 해결하고 싶은 문제도 _____ 입니다. 에 넣어서 발표하면 됩니다. • 회의 안건을 제안한 사람은 안건 설명과 제안 이유를 설명해 주세요.
7	브레인 스토밍 하기	• 브레인스토밍으로 해결 방안을 돌아가면서 이야기합니다. • 의견이 없으면 '패스'할 수 있습니다. • 기록이는 적어 주세요.
8	결정 하기	• 3R 1H에 적합한 해결 방법을 선정하겠습니다. • 이번 안건에 맞는 해결 방법으로 몇 가지를 선정하면 좋을까 요? • 실천하면 좋을 방법에 손을 들어 주세요.
9	역할극	• 우리가 해결할 방법과 관련한 상황을 실제 역할극을 통해 경 험해 볼까요? • 역할극에 참여하고 싶은 사람? • 역할극은 짧게, 과장해서, 즐겁게 합니다. • 역할극까지 봤으니 우리가 어떻게 실천해야 하는지 더 잘 기 억할 것 같지요?
10	소감나 누기	• ○차 학급회의에 대한 소감 나누기를 하겠습니다. 이번 시간에 _____ 을 배웠습니다.(알게 되었습니다)

4단계 학급회의 진행 시 교사의 태도

• 감사하기와 존중하는 태도를 스스로 실천하는 역할 모델이 된다.

• 아이들의 태도와 생각을 보고 긍정적인 의도를 찾으려 노력해야
한다.

- 통제하지 않는다. 아이들 스스로 문제 해결 방법을 찾아내고 실천할 수 있는 기회를 준다.
- 교사가 정답을 정해 놓고 진행하는 회의는 의미가 없다. 회의 결과에 결론이 없더라도 질문으로 아이들 스스로 당면한 문제에 대해 자발적으로 생각할 수 있게 한다.
- 편견을 드러내지 않을수록 아이들 스스로 이 문제에 대하여 자발적으로 생각할 수 있다.

5단계 학급회의 안건지

긍정훈육 학급회의 안건지

안건 제안일 : ___ 월 ___ 일( ) ___ 회차		원하는 해결 방식 (○ 표시)
안건 내용		1 2 3
내가 사용해 본 방법들 (본인이 작성)		1. 감정 나누고 공감하기 2. 의견 고치지 않고 토의하기
도와줄 수 있는 방법들 (친구들이 작성)		3. 해결(결정)을 위해 도움 요청하기

- 안건지를 교실 벽면에 부착하고 안건 제시할 사람이 기록한다. 스스로 두 번 정도 먼저 해결해 본 후 해결되지 않았을 경우에 작성한다.
- 안건 작성 시 해결하려고 '사용해 본 방법'도 함께 기록한다.
- 친구들은 제시한 안건을 해결할 수 있도록 '도와줄 수 있는 방법'을 기록한다.

- 안건 작성자는 '도와줄 수 있는 방법'이 적혀 있을 경우 그 해결 방법을 시도한다.
- 학급회의 시작 전에 문제가 해결되었다면 안건을 삭제한다.
- 안건이 없을 경우 학급회의 시간에 계획했던 활동을 하거나 다음 학급회의에 할 활동을 계획한다.

흔들리면서 피는 꽃처럼

긍정훈육 학급회의 운영 후에 학급 분위기가 매우 긍정적으로 변했다. 덩달아 나도 교사로서, 담임으로서 자신감을 갖게 되었다. 경력은 많으나 최근에는 학급 담임 경험이 적어 두려웠던 상황에 긍정훈육 학급회의 덕을 톡톡히 봤다. 우리 반 아이들이 남긴 생생한 후기다.

"학급회의는 딱딱한 분위기일 거라는 생각이 바뀌었다. 감사 나누기를 하며 몰랐던 친구의 마음을 알 수 있었고, 감사하다는 말을 들으니 마음이 따뜻해졌다. 학급회의에서 나온 실천 과제를 더 잘 지키고 싶어진다."

"문제가 생길 때도 좋았지만 안건이 없을 때도 학급회의를 하니 평소 친구들의 생각이나 고민을 알 수 있었고, 친구들을 좀 더 관심 있게 지켜봐야겠다는 생각도 했다. 그리고 우리 반의 좋은 점과 문제점을 진지하게 살펴보게 될 것 같다. 우리 반 최고다!"

"누구라도 안건을 제시할 수 있어서 소속감을 느꼈고, 감사 나누기와 소감 나누기에서 나도 참여할 수 있으니 자존감도 높아지는 것을 느꼈다. 참 좋은 학급회의다. 전보다 우리 반에 애착이 커졌다."

또 다른 꽃도 피울 수 있어요!

다양한 안건에 적용이 가능하다.

학급 안에서 생기는 거의 모든 안건을 소화할 수 있는데 예를 들면, 자리 바꾸는 방법과 시기를 정하고 수업 분위기를 개선할 필요가 있을 때, 순번제 청소를 더 효율적으로 할 수 있는 방법, 각자의 역할에 충실하지 않을 때, 안건이 없을 때, 다른 반 친구들의 교실 출입 방지 방법, 친구 관계를 잘 유지하는 방법 등 이외에도 많은 경우에 적용이 가능하다.

학급자치회의에서 학년자치회의로 확대 운영 가능하다.

학급회의 절차에 맞게 학년 공동 규칙을 지키는 방법, 사안 발생 시 문제 해결 방법을 찾아 학년자치회를 운영하는 데 매우 효율적이다. 학급별 회의 결과를 전체 공유하면 새로운 아이디어를 낼 때 밑거름이 되기도 한다. 학년 전체가 공동의 목표를 인식한다면 효과적으로 문제를 해결할 수 있다.

학교, 마을(사회)의 문제 해결에 적용할 수 있다.

자발성과 상호 존중을 토대로 회의에 참여하며, 문제 해결 방법을 찾기 위한 적극적인 사고 능력을 활용하면, 다양한 시각으로 학교나 마을에서 해결해야 할 문제점을 발견하는 역량을 기를 수 있다.

11장

Don't 대신 Do,
긍정 표현 사용하기

"떠들지 마라!"

"복도에서 뛰지 마세요."

"졸지 마."

"수업에 늦지 말아라!"

아이들에게 자주 하는 말이다. 그런데 나의 말을 잘 따라 주는 아이
도 있지만 그렇지 않은 아이도 있다. 동료 교사들도 같은 이야기들을
한다. 왜 아이들은 이 간단한 말을 이해하지 못하고 따라 주지 않는
가? 나는 그 이유를 '내 행동에 금지가 가해진다는 부정적인 생각 때
문'이라고 본다.

Don't와 Do의 차이

부정적 말하기(Don't)는 다음과 같은 결과를 가져온다.

가. 부정적 분위기 조성

"Don't"로 시작하는 명령은 부정적인 어조여서 학생들이 저항감을 느낄 수 있다. 부정적인 지시가 반복되면, 학생들이 위축되거나 불안해하고, 교실 분위기가 딱딱해지는 등 교실 전체에 부정적인 분위기가 형성된다.

나. 구체적 행동 지침 부족

"Don't"로 시작하는 지시에는 학생들이 하지 말아야 하는 것은 담겨 있지만, 어떤 행동을 해야 하는지는 없다. 예를 들어, "뛰지 마라!"에는 뛰지 말라는 금지만 있을 뿐 어떻게 행동해야 하는지(걷기, 천천히 움직이기 등)는 담겨 있지 않다. 그러다 보니 같은 잘못된 행동을 반복하는 일이 잦다.

다. 긍정적 행동 기회 상실

반복적으로 "Don't"라는 말을 들으면, 학생들은 자신이 잘못된 행동만 하고 있다는 인식을 가지게 되어 자신감을 잃을 수 있다. 자신감이 낮아지면 학생들의 학습 동기와 적극성이 줄어들고, 결국 바람직한 행동을 실천할 동기를 잃는다.

라. 교사 – 학생 관계에 부정적 영향

학생들은 "Don't"를 자주 사용하는 교사를 엄격하거나 비판적인 사람으로 인식한다. 그러다 보면 그 교사가 하는 말의 의도를 오해하게 되고, 결국 의사소통의 효율성이 떨어져 교사와 학생 사이는 점점 더 멀어진다.

결론적으로, "Don't"를 자주 사용하는 교실 환경에서는 학생들이 부정적인 감정을 더 자주 경험하고, 교사의 기대에 맞는 행동을 정확히 이해하거나 실천하는 데 어려움을 겪을 수 있다. 그러므로 "Do"로 전환하여 표현하기를 연습해야 한다.

Don't와 Do 경험하기

역할극을 통해 Don't와 Do 가운데 무엇이 효과적인지 경험을 할 수 있다.

활동

Don't와 Do 경험하기

준비 사항 : 동료 교사(4인 이상), 전지, 매직

1. 역할 정하기

   교사 역할을 맡을 1인을 선정하고 나머지는 학생 역할을 한다. Don't를 들었을 때 기분을 알고 싶으면 학생 역할을 하기를 권장한다.

2. 교사는 준비된 대본을 학생들에게 읽어 준다. 이때 과장되게 하는 것이 학생의 감정에 이입하는 데 도움이 된다.

두 손을 들어 주세요

손을 들지 마세요

가만히 있지 마세요

모두 자리에 앉아 주세요

왼손을 내리지 마세요

앉지 마세요

웃지 마세요

3. 소감 나누기

Don't와 Do를 들었을 때 어떤 기분이 들었으며, 무엇을 결심하게
되었는지 소감을 들어 본다. Don't와 Do 중에 무엇이 효과적인지
물어본다.

4. Don't를 Do로 바꿔 보기

전지를 칠판에 부착하고 세로로 가운데 줄을 긋는다.

왼쪽에는 Don't를 적고 오른쪽엔 Do를 적는다.

교사가 학생들에게 사용하는 Don't가 무엇이 있는지 브레인스토
밍하면서 왼쪽에 적는다.

오른쪽에는 Don't와 Do로 바꿔서 적는다.

Don't	Do
• 선생님이 말하고 있을 때는 끼어들지 마세요.	• 선생님 말을 경청하세요.
• 복도에서 뛰지 마세요.	• 복도에서는 걸어가세요.
• 누워 있지 마세요.	• 허리를 펴고 칠판을 보세요.
• 교실에서 소리 지르지 마세요.	• 교실에서 조용히 하세요.
• 고개 숙이지 마세요.	• 고개를 들고 선생님을 바라보세요.
• 친구 괴롭히지 마세요.	• 친구와 사이좋게 지내세요.
	• 친구에게 예의 있는 행동을 하세요.

학급긍정훈육에서 Don't 대신 Do 활동은 학생들에게 긍정적인 행동을 강화하고, 그들의 행동에 대한 명확한 기대치를 제시한다. 학생들에게 무엇을 하지 말아야 하는지 지시하는 대신, 그들이 해야 할 올바른 행동을 명확히 안내함으로써 학생들이 긍정적인 행동을 실천할 기회를 더 많이 얻도록 도와주는 것이다.

4부

교사 자존감 회복

1장 상처받지 않고 학생과 관계 유지하기

2장 격려 통장으로 변화된 어느 교사의 일기

3장 과제 분리로 동기 수정하기

4장 "마음아, 괜찮니?"

5장 동료 교사와 지혜롭게 관계 맺기

6장 상처받지 않고 학부모와 연결되기

7장 교사·학생·학부모 연결, 쉬운 것부터 실천하기

1장

상처받지 않고 학생과 관계 유지하기

운동을 좋아하는 민성이는 공부보다 노는 것이 더 즐겁다. 그래서 매 시간 주변 친구와 장난을 하거나 잡담을 해 수업 분위기를 흐린다. 프린트를 나눠 주는데, 민성이와 다른 아이가 잡담을 했다. 조용히 하라고 했지만 민성이는 들은 척도 않았다. 결국 교실 뒤에 세워도 보았지만 수업을 방해하기는 마찬가지여서 교탁 바로 앞 자리로 옮겨 앉혔다. 그러자 이번에는 지우개를 세게 밀어 '삑삑' 소리를 내면서 수업을 방해했다. 화가 폭발하고 말았다.

"너는 정말 매시간 수업을 방해하고 사람을 힘들게 하는구나. 선생님과 친구들에게 미안하지도 않아?"

그렇게 교실은 얼음이 되었다.

'내가 너무 만만하게 보이나? 그래서 무시하는 건가? 교사의 정당한 훈육 행위를 비난하는 것은 무슨 의도야. 이 반 아이들은 미술 시간을 무가치하게 여기고 있구나. 내 수업이 재미없구나.'

수많은 생각들이 밀려오면서 스스로가 위축되고 자존감이 떨어졌다. 그러나 냉각기(긍정적 타임아웃)를 가진 다음 상황을 다시 생각해 보니 민성이가 수업을 방해하는 행동을 반복한 이유가 있을 것 같았다.

교사 자신의 속마음 들여다보고 알아차리기

마음을 가라앉히고, 나의 마음속에서 떠오르는 의문점들을 적어 보았다.

- 민성이는 수업 태도가 불량한 학생이라는 라벨링을 붙여 놓고 성급히 판단한 것은 아닐까?
- 교사의 설명은 모두 경청해야 한다는 엄격한 잣대로 아이들을 지나치게 통제하는 것은 아닐까?
- 행동을 자세히 보지도 않고 무조건 혼낸 것은 아닐까?
- 학생 생활 교육 고시에 근거한 규칙이기는 하지만 여러 친구들이 보는 데서 지적받고 자리를 교체해서 민성이도 창피했겠다.

• 요즘 내가 스트레스가 심해서 예민해진 것은 아닐까?

위와 같은 질문을 하고 하나하나 점검하다 보니 감정의 크기도 줄어들고 이 문제를 해결하고 싶은 용기가 생겼다.

학교는 한정된 공간에 많은 사람이 북적대는 곳이다 보니 스트레스가 많을 수밖에 없다. 날마다 크고 작은 사건이 일어나고 다사다난한 이야기가 펼쳐지면서 교사도 사람인지라 아이들의 말 한마디와 태도에 상처를 받고 좌절하기도 한다. 상처받은 교사의 마음을 회복하고 아이들과 긍정적인 관계를 유지할 수 있는 비결들을 알아보자.

상처받지 않고 학생과 긍정적인 관계를 유지하는 아이디어들

'긍정적 타임 아웃'(냉각기)으로 생각에 여유를 되찾아라

낙담한 상태에서는 이성이 작동하지 않는다. 분노와 화, 짜증, 불안과 같은 감정들의 지배를 받는 상태에서는 얼굴 표정과 목소리 톤에서 감정이 표출되기도 하고, 상대방을 통제하는 경향이 있기 때문에 교사가 처한 상황을 더 악화시킨다. 그러므로 감정에서 물러날 수 있는 냉각기가 필요하다. 긍정훈육에서는 그 시간을 '긍정적 타임아웃'이라고 한다.

- 화가 난 감정에서 한발 물러나기 전 아이에게 나의 상태를 알려 주고 모두를 위해 시간이 필요함을 설명해 주자.

"선생님은 지금 화가 났어. 이런 감정 상태로는 너와 이야기할 수 없단다. 너도 지금은 마음이 불편할 거야. 시간을 갖고 서로를 배려하는 해결 방법을 찾아보자."

- 마음이 혼란스럽고 낙담이 될 때는 차를 마시거나 교정을 산책하는 등 가볍게 몸을 움직이면서 잠시 익숙한 공간에서 벗어나는 것만으로도 기분 전환이 된다. 또는 가장 조용한 공간으로 이동하여 자신이 좋아하는 분야의 책을 읽거나 짧은 영상 시청 및 음악을 듣는 것도 좋다. 이렇게 혼자만의 시간을 가지고 나 스스로를 돌보고 회복하는 공간을 만들어 놓고 활용해 보자. 기분이 좋아지면 배려와 협력을 통해 문제를 해결할 수 있는 용기가 생긴다.

활동

활동명 : 열 손가락 화 다스리기로 진짜 문제 찾기

두 손으로 주먹을 쥐고 가슴 쪽에 둔다.

나를 화나게 한 것들을 하나씩 떠올리고 그때마다 손가락을 하나씩 편다.

① 수업 시간에 공부를 안 하고 떠들어서 화가 나요.

② 같은 행동을 반복해서 화가 나요.

③ 이상한 소리로 수업을 방해해서 화가 나요.

④ 내 말을 무시해서 화가 나요.

⑤ 버릇 없는 행동을 해서 화가 나요.

⑥ 통제가 안 돼서 화가 나요.

⑦ 다른 아이들이 교사를 도와주지 않아서 화가 나요.

⑧ 수업을 매끄럽게 진행하지 못해서 화가 나요.

⑨ 나 스스로 무능한 느낌이 들어서 화가 나요.

⑩ 내가 실수했을지도 모른다는 불안감 때문에 화가 나요.

이렇게 화가 나는 이유를 나열하다 보면 화의 크기가 줄어들고 수면 아래에 있던 무엇인가가 수면 위로 올라오는 것을 알아차릴 수 있다. 이 상태만 되어도 화를 조절할 수가 있다. ⑧, ⑨, ⑩ 세 가지는 나의 문제이기 때문에 해결책을 좀 더 빨리 생각해 낼 수 있다.

우리는 문제 상황을 바꿀 수 없고, 다른 사람을 바꾸는 것도 녹록지 않다. 이런 상황에서 상대방을 비난하거나 상황 탓만 한다면 관계 개선은 어려워진다. 열 손가락 화 다스리기 활동으로 자신의 속마음이 어떤지 알아차리고, 어째서 화가 났는지 그 이유를 깨달은 다음 그것을 해결한다면 나와 타인 모두를 존중하는 방식으로 관계를 개선할 수 있다.

해소와 해결로 스스로 회복하는 유능감을 경험해라

이 활동은 동료교사와 함께하면 더 효과적이다. 종이에 빈 항아리를 한 개 그리고 붙임쪽지에 요즘 화가 나거나 스트레스 받는 상황을 간단하게 쓴다. 모두에게 상황을 설명한 후 빈 항아리에 붙임쪽지를 붙인다. 나머지 사람들은 공감되는 내용이 나오면 오른쪽 손을 주먹 쥐고 앞뒤로 흔들면서 공감을 표시한다. 붙임쪽지로 항아리를 가득 채우고 남는 것은 항아리 밖에 붙인다.

활동: **나 스스로 돌보기**

활동 발문

"이렇게 마음에 스트레스가 꽉 찬다면 어떤 일이 생길까요? 작은 일에도 쉽게 상처받고 무기력해지면서 삶의 의욕을 잃어버립니다. 나를 힘들게 하는 항아리 안에 있는 문제들은 해소 또는 해결할 수 있습니다. 두 가지 중에서 한 가지 방향을 선택하여 구체적인 방법을 찾아서 붙임쪽지에 기록하기 바랍니다.

방법을 찾은 사람은 앞으로 나와서 이야기한 후 먼저 붙인 붙임쪽지을 떼고 새로 작성한 붙임쪽지를 바꿔 붙여 주세요. 이때 미리 실천해 본 사람이 있다면 더 좋은 아이디어를 제안할 수 있습니다. 모두 돌아가면서 붙임쪽지를 바꿔 붙인 후 따라 하고 싶은 해소 및 해결 방안이 있는지 찾아보고 실생활에서 실천해 봅시다."

: 미술실에만 오면 소란스럽게 떠드는 학생들! 어떻게 해야 하는가?

- 모둠으로 앉는 미술실에만 오면 아이들은 서로 마주 보고 떠들기 시작한다. 오랜만에 만난 친구처럼 일상적인 대화와 장난으로 학급 전체 아이들이 웅성거리며 시장 분위기로 바뀐다. 매번 떠드는 아이들을 조용히 시키고 설명에 집중하는 학습 분위기를 조성하기 위해 애쓰는 과정이 힘들고 스트레스를 받는다.

해결

"교실과 다르게 미술실은 큰 책상에 서로 마주 보고 앉으니 친구랑 대화를 나누고 싶은 마음은 이해가 되지만 지금은 수업 시간이야! 수업을 시작해도 계속 소란스러워서 진도가 늦어지고 있단다. 수행 과제의 완성도도 떨어져서 속상하구나. 열심히 가르치고 배우기 위해서는 수업 규칙이 필요한데 여러분도 동의하는 건가요?"

이렇게 아이들의 마음을 공감(교사의 부드러움)하고, 일과 정하기를 통해 미술실 수업 규칙을 만들어서 단호하게 적용한다(교사의 단호함). 이때 3회 이상 규칙을 지키지 않을 경우 교실 수업을 제안하는 안을 교사가 제시하고 규칙에 반영한다.

▲ 요즘 나를 힘들게 하는 것은 무엇일까?

소통 기술을 개선하고 연습해라

① 아침에 만나면 먼저 인사하고 말 걸어 주기

아침 시간 등교할 때나 복도에서 만나면 "안녕, 좋은 아침이
야!"라고 손을 흔들고 미소 지으면서 먼저 인사를 건넨다. 처음
은 좀 어색해서 얼굴 표정이 자연스럽지 않았지만 습관이 되면

학생들을 마주칠 때마다 자동으로 인사를 하게 된다. 기분이 약간 가라앉은 날도 인사를 시작하면 학생들 때문에 저절로 기분이 좋아진다. 학생들이 더 따뜻한 말과 표정으로 인사를 받아 주기 때문이다. 이렇게 인사를 주고받다 보면 수업을 하지 않는 학생들과도 긍정적인 관계가 형성된다.

② 노력하는 점을 알아 주고 표현하기

학습지 작성이나 수행 과제를 할 때 결과에 대한 칭찬보다는 과정을 알아주거나 노력한 점을 구체적으로 피드백한다. "○○야 네가 최선을 다하는 것을 봤어. 힘내!", "아이디어 스케치도 여러 장 있네. 작품이 어떻게 완성될지 궁금하구나!" 등과 같은 구체적인 격려는 학생에게 용기를 주고 교사와 학생을 연결시켜 준다.

③ 단점보다는 장점 먼저 보기

아무리 교사를 힘들게 하는 말썽꾸러기라도 자세하게 관찰하면 1퍼센트의 장점이 있다. 그것을 찾아서 칭찬해 주면 아이의 표정이 밝아진다. 학교와 가정에서 반복해서 지적을 받고 잔소리를 들어 왔기 때문에 어른에 대한 불신이 있다. 자신의 모습을 있는 그대로 수용해 주고 따뜻한 시선으로 바라보는 어른에게 아이들은 마음을 연다.

• 축구를 좋아하는 태호는 수업 시간에는 다소 소란스럽지만

인사를 잘한다. 인사를 주고받을 때 엄지척하고 인사성이
바르다고 칭찬한다.

• 그리기는 대충 그려서 과제를 제출하지만 입체 표현 활동에
서 몰입하는 모습으로 열심히 학습 활동에 참여하는 용섭이
에게 '엄지 척' 하고 '발상이 창의적이다'라고 격려한다.

• 수업 시간에는 무기력하고 소극적이나 학교 행사에서 책상
을 열심히 나르는 대성이에게 열심히 도와줘서 고맙다는 말
과 함께 '엄지 척'으로 격려한다.

④ 긍정의 언어 사용하기

교사는 학생들 앞에 서면 움직이는 교과서가 된다. 가장 효과
적인 교육은 모델링으로 보여 주는 것이라고 했다. 학생들은 교
사의 언행을 보고 들으면서 자신도 모르게 따라 하고 닮아 간
다. "괜찮아", "그럴 수 있지", "고마워", "멋지다"와 같은 긍정의
언어를 많이 사용하면 어느 순간 학생들도 교사가 한 말을 따라
한다. 말에도 온도가 있다.

긍정의 언어는 말하는 사람이나 듣는 사람 모두에게 존중받
는 느낌과 친밀감을 전달한다. 예를 들면 잔소리와 설명을 질문
으로 바꾸는 것부터 시작해 보자. "너 과제는 언제 완성하려고
또 딴짓하는 거니?" 대신 "과제를 완성하려면 어떻게 해야 할
까?"라고 질문하고 기다린다. 잔소리가 하고 싶어도 꾹 참고 기
다려라. 그러면 아이가 해결책을 제시하고 스스로 책임질 것이

다. 이 놀라운 효과는 질문하는 교사만 경험할 수 있다.

⑤ 화를 말로 표현하는 방법 연습하기

화가 난 것을 알아차리고 마음속으로 자신에게 이렇게 말한다. '나는 지금 화가 났어. 화가 날 만도 해. 괜찮아.' 또는 화나게 한 사람에게 "나는 교사로서 정당한 훈육을 했음에도 네가 모든 아이들이 보는 앞에서 그만 괴롭히라고 말해서 화가 났어. 앞으로는 수업 시간에 발언할 때는 동의를 얻고 신중하게 생각한 다음 말했으면 좋겠어"라고 정중하게 원하는 바를 알려 줘야 한다. 이렇게 화를 말로 표현할 때 감정의 흐름을 바꿀 수 있다.

학생들과 함께 웃는 교사 되기

교사는 학생들로 인해 에너지가 고갈되는 한편 학생들 덕분에 힘이 나고, 없던 열정이 생기기도 한다. 학생들 속으로 들어가서 자세히 살펴보면 공감되는 내용도 있고 새로운 정보도 얻을 수 있다. 학생들에 대한 정보가 많을수록 사람에 대한 측은지심도 생기고 문제 행동을 올바르게 해석할 수 있는 안목이 생긴다. 교사도 십 대 시절이 있었다. 눈높이를 달리하고 방법을 바꾼다면 학생들과 협력 관계를 유지하며 잘 지낼 수 있다.

학급긍정훈육법에서 제시하는 다양한 삶의 기술을 연습하고 실천한다면 학교생활에서 어떤 문제 상황에 직면하더라도 슬기롭게 해결할 수 있다. 타인의 말과 행동에 상처받아도 흔들리지 않고 내면을 건강하게 가꾸는 비결을 소개하겠다.

- **학급긍정훈육법에서 제시하는 기술들을 내 삶으로 가져와 꾸준히 연습하고 실천한다.** 새로운 훈육 방법을 배우면 첫 실험 대상자는 바로 나이다. 자신을 대상으로 실천해 보고 효과적인 면과 수정, 보완할 점을 찾아서 내 것으로 만든 다음 자신감이 생기면 아이들에게 활용한다. 이렇게 하면 실패할 확률이 줄어들고, 교사도 지속적으로 성장한다.

- **긍정훈육 기술을 많이 알수록 문제 해결력이 향상된다.** 몇 년 전만 해도 수업 시간에 통제가 안 되는 아이들 때문에 우울한 교직 생활을 보냈다. 떠드는 아이들에게 호통을 치고, 벌 청소를 시키고, 학부모님과 통화도 해 봤지만 도움이 되기는커녕 아이들과 사이만 더 나빠졌다. 요즘은 한배 태우기, 일과 정하기, 학급 가이드라인 만들기, 호기심 대화법, 과제 분리하기 등과 같은 다양한 긍정훈육 기술을 활용하여 문제를 해결하고 아이들과도 잘 지낸다. 무엇보다도 앞으로 어떤 문제가 발생하더라도 잘 해결할 수 있다는 자신감 충전이 가장 큰 이득이다.

2장

격려 통장으로 변화된
어느 교사의 일기

20년 넘는 교직 생활 동안, 학생들을 엄격하게 통제하며 지도해 왔
다. 수업과 학생 생활 모두 내 통제하에 이루어지는 것이 최고의 교육
이라 믿었고 학생들은 그에 맞추어 잘 따르고 있다는 착각에 살았다.
그러다 학교 교육의 패러다임이 변했다. 배움 중심 수업이라는 새로
운 접근 방식을 도입해야 했다. 교사가 주도하던 강의식 수업에서
배움과 학생이 중심이 되는 수업을 해야 했고, 학생의 주도성이 살
아 있는 생활 지도를 해야 했다. 그래서 나도 학생이 스스로 참여하
고 협력하는 환상적인 수업을 기대하며 모든 수업을 모둠과 학생 참
여형 수업으로 바꾸었다. 하지만 아이들은 내 기대에 미치지 못했고,
협력하지도 않았다.

결국 나는 다시 엄격하고 통제하는 교사로 돌아가 버렸다. 아이들은
더 이상 통제하는 교사를 거부했고, 반복되는 갈등 속에서 나의 상처
는 깊어만 갔다.

교사로서 학생들의 변화를 위해 여러 방면으로 노력했다. 다양한 생활 지도 방법, 수업 방법을 배우고 연구했다. 그러던 중 학급긍정훈육을 만났다. 처음에는 낯설고 거리감이 느껴졌다. 하지만 같은 실패를 반복할 수 없었기에 배우고 실천해 보기로 결심했다.

학급긍정훈육을 통해 배운 기술들을 새 학급에 적용하며 수업을 시작했다. 처음에는 모든 것이 잘되는 것처럼 보였다. 하지만 시간이 지나자 학생들은 여전히 수업이 힘들다며 불만을 터뜨렸다. '내 수업에서 무엇이 문제인 걸까?' 다시 불안해졌다. 그렇게 학년 말이 다가왔고 여전히 바쁜 업무로 학생들의 불만에 미처 귀 기울일 겨를이 없었다.

마음속 격려 통장!

그해 학교에서 열린 교사 연수에서 '네 가지 어긋난 목표 행동 알아보기'라는 롤플레잉 활동을 했다. 학생 역할을 맡은 교사가 부정적인 반응을 받을 때 얼마나 위축되는지 체험하는 활동이었다. 학생 역할을 하는 사람이 점점 작아지고 위축되는 모습을 보며, 머리를 한 대 맞은 것처럼 큰 충격을 받았다. '그때 그 아이들도 참 힘들었겠다'라는 깨달음이 왔기 때문이다.

그동안 아이들과 갈등이 생길 때마다 아이들 탓만 했다. 그제야 내가 아이들에게 얼마나 많은 부정적인 신호를 보냈는지 깨달았다. 수업하기 어려운 반 아이들은 1교시부터 귀가할 때까지 하루 종일 비난의 화살을 받았을 것을 생각하니 미안한 마음에 가슴이 저려 왔다. 그러한 환경에서도 버텨 준 아이들이 오히려 고마웠다. 이 경험을 통해 아이들의 행동 이면에 있는 신념을 이해하게 되었고, 비난보다는 격려가 필요하다는 깨달음을 얻었다.

이후 새 학년을 맞이할 때마다 아이들의 긍정적인 면을 찾아내고 격려하는 데 집중했다. 수업 중 아이들을 관찰하며 그들의 행동을 세심하게 지켜보았다. 아이들의 작은 행동 하나하나를 놓치지 않고 격려했다. 모둠 활동에서 협력하는 모습을 보면 즉시 격려하고, 조용히 학습에 임할 때는 어깨를 가볍게 토닥여 주며 격려했다. 수업 중에 시간이 없어 미처 못 할 때는 복도에서 만나 조용히 이야기해 주었다.

물론 이 과정은 쉽지 않았다. 준비한 수업을 진행하면서 동시에 아이들의 행동을 관찰하고 긍정적인 피드백을 즉각적으로 제공하려니 마음도 몸도 바빴다. 하지만 노력할수록 아이들의 긍정적인 행동을 점점 더 많이 발견해낼 수 있었다.

격려는 아이들뿐만 아니라 나에게도 큰 변화를 가져왔다. 수업이 더 즐겁고 활기차졌고, 아이들과의 관계도 점점 더 깊어졌다.

물론 늘 좋기만 한 것은 아니었다. 가끔은 학생들이 힘겨루기를 시도하기도 했고, 모둠 활동이 제대로 이루어지지 않는 일도 있었다. 그러나 전과는 다른 것이 있었다. 학기 초부터 아이들과 쌓아 온 '격려'라는 바탕이 있었던 것이다. 덕분에 문제 상황을 전보다 훨씬 쉽게 해결할 수 있었다. 다양한 방법으로 열심히 격려했던 것이 격려라는 이름의 '통장'으로 남았고, 그 안에는 학생들과 교사 사이에 쌓인 신뢰가 그득히 담겼다. 그 신뢰로 다양하게 고개를 드는 많은 어려움을 극복할 수 있었다.

격려가 먼저다!

학교에는 '생활 지도'라는 단어가 있다. 생활을 어떻게 지도할 것인가? 아이들은 스스로 가지고 있는 힘이 있다. 그것을 긍정적으로 이끄는 것이 바로 '격려'이다. 문제 상황이 생기고 나서 하는 '생활 지도'가 되어서는 안 된다. 문제 상황 전 아이들과의 만남은 격려로 이루어져야 한다. '격려가 먼저다!'

이 깨달음을 얻은 뒤부터 나는 수업에서 학생들의 긍정적인 면을 관찰하려고 노력하고 즉각적인 피드백을 제공하는 습관을 기르게 되었다. 이를 통해 학생들은 스스로 더 나은 모습을 보여 주었고, 나 또한 교사로서 더 많은 보람을 느낄 수 있었다.

격려는 단순한 구호가 아니라, 교사와 학생 모두에게 필요한 삶의 방식이다. 격려를 통해 우리는 서로에게 힘이 되고, 위로가 될 수 있다. 학생들과 함께 쌓아 만든 격려 통장은 오늘도 교실 안에서 긍정적인 변화를 만들어 가고 있다.

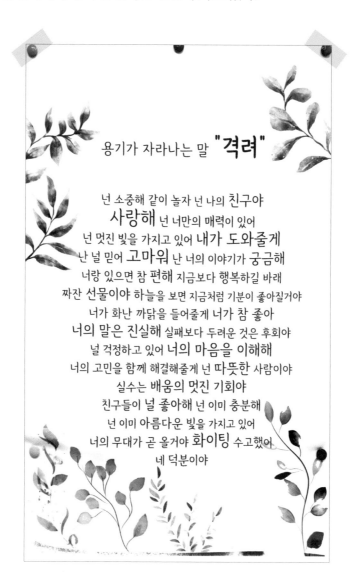

용기가 자라나는 말 **"격려"**

넌 소중해 같이 놀자 넌 나의 친구야
사랑해 넌 너만의 매력이 있어
넌 멋진 빛을 가지고 있어 **내가 도와줄게**
난 널 믿어 **고마워** 난 너의 이야기가 궁금해
너랑 있으면 참 편해 지금보다 행복하길 바래
짜잔 선물이야 하늘을 보면 지금처럼 기분이 좋아질거야
너가 화난 까닭을 들어줄게 너가 참 좋아
너의 말은 진실해 실패보다 두려운 것은 후회야
널 걱정하고 있어 **너의 마음을 이해해**
너의 고민을 함께 해결해줄게 넌 **따뜻한** 사람이야
실수는 배움의 멋진 기회야
친구들이 널 좋아해 넌 이미 충분해
넌 이미 아름다운 빛을 가지고 있어
너의 무대가 곧 올거야 **화이팅** 수고했어
네 덕분이야

3장

과제 분리로 동기 수정하기

유난히 한 학생의 모습이 눈에 들어왔다. 수업 내용을 방해하지는 않았지만 수업에는 도무지 관심이 없었고, 학습지에는 이름만 겨우 적혀 있었다. 말소리는 너무 작아 듣기 힘들었고, 푹 수그린 모습 때문에 시선을 마주하는 것은 생각할 수도 없었다. 모둠 활동 시간에는 대부분 목석처럼 앉아 있다가 엎드리기 일쑤였다.

"여기 이 부분은 꼭 알아야 하거든. 어서 해 보자"라고 다그쳤으나 그저 동그라미만 반복해서 그렸다. "이건 수행평가니까 꼭 제출할 거라고 기대할게." 하지만 기대와 달리 제출하지 않았다. "오늘 어디 아프니? 아프면 보건실에 가서 보건 선생님과 상담하고 올래?" 하지만 그 학생은 못 들은 것처럼 묵묵부답이었다. "오늘 수업 내용을 이해하기 어렵니? 옆 친구에게 도움을 요청해 볼까?" 하지만 아이는 고개를 저으며 거절했다.

'뭐 이런 애가 다 있어? 이만큼 노력하면 알아주고 따라 줘야 하는 거 아닌가?' 괘씸한 생각이 들면서 마치 나를 무시하는 것 같기도 하고, 보고 있는 다른 학생들이 나를 비웃을 것 같은 마음도 들면서 상처받고 초라해졌다.

어떤 노력에도 불구하고 이 학생을 수업 활동에 참여시키겠
다는 나의 의지는 무참히 꺾였고, 가슴이 시릴 정도로 낙담했
다. 그렇다고 학생을 무기력한 상태로 두는 것은 방치하는 것이
므로 그대로 두어서는 안 된다고 생각했다.

상처받은 열정을 안고 노력하기로

혼자 잘못된 판단을 할까 걱정되어 담임 교사와 몇몇 교과 수
업 교사의 도움을 받아 학생 상황을 파악했다. 그 아이의 부모
님은 지금까지도 아이의 과제를 도와주실 정도로 물적·교육적
지원을 아끼지 않는다고 했다. 한편, 과거에 무슨 일이 있었는
지 불확실하지만, 강한 열등감과 회피적 신념으로 인해 매우 수
동적이고 무기력해진 상태라는 의견도 내놓으셨다. 그런데 언
뜻 부모님의 지나친 지원이 미치는 영향도 있는 듯했다. '혼자
선택할 수 있는 것이 아무것도 없어. 부모님처럼 잘하지 못할
바에야 처음부터 하지 말자'라는 자신에 대한 불신이 무기력으
로 이어졌을 수도 있었다. 모든 면을 종합적으로 고려해 보기로
했다.

수업 시간에 학생에게 보인 내 노력과 모습을 되돌아보았다.
학생을 먼저 이해하고 존중하기보다는 좋은 선생님이 되어야 한
다는 편협한 의지가 앞서 있었다. 이 사실을 인식하고 갈등 상황

을 해결하기 위해 내가 선택한 방법은 '과제 분리'였다.

과제 분리란, 특정 상황에서 나의 과제와 타인의 과제를 분리하는 것이다. '선택으로 가져온 결과를 최종적으로 받아들이고 책임지는 사람이 누구인가?'를 생각해 보면, 과제가 누구에게 속하는지 알 수 있다.

수업 참여와 과제 수행 여부는 학생의 과제이다. 학생이 수업에 참여하지 않거나 과제를 제출하지 않아서 생기는 결과는 전적으로 학생의 책임이다.

과제 분리는 모르는 척 방관하라는 의미가 아니다. 학생이 부족함을 느끼는 상황에서 언제든지 도움을 요청할 수 있도록 준비가 되어 있어야 한다는 뜻이다. 학생들은 교사로부터 존중받고 있다고 생각하면 책임감을 느끼고, 기대에 부응하려고 자발적으로 노력하는 경향이 있다.

그런데 나는 학생들이 참여하도록 끝까지 독려하고 결과물 완성을 위해 최선을 다해 도왔다. 내가 맡은 학생들은 내가 이끄는 대로 무조건 따라야 한다는 통제적 사고에 빠져 있었던 것이다. 그러다 긍정훈육을 만났고, 새로이 접근했다. 실제로 서로의 과제를 인식하고 각자의 과제를 위해 노력하는 과정을 간단하게 적어 보았다. 학생이 스스로 할 수 있는 일을 선택할 기회를 제공하고, 선택에 대해 최선을 다하는 책임감을 느끼도록 하고 싶었다. 또한 '나도 할 수 있네'라는 자기 신뢰감이 생기기를 희망하며 이 과정을 진행했다.

과제 분리하기

1단계 과제 인식시키기

선생님 : "앞으로의 수업에 대한 약속을 정하려고 해. 너와 함께 결정 한 내용을 존중할 거야."

"내가 교사로서 가장 중요한 역할이 무엇일까?"

학 생 : "가르치는 거요."

선생님 : "그럼 학생에게 가장 중요한 일은 무엇일까?"

학 생 : "공부하는 거요."

선생님 : "맞아. 그럼 네가 수업에 참여할 수 있게 내가 어떤 도움을 주면 좋을까?"

학 생 : "공부를 어떻게 해야 하는지 모르겠어요."

선생님 : "그랬구나, 방법을 알고 싶었구나. 수업 시간에 네가 할 수 있는 양을 스스로 선택해 보는 것은 어떨까?"

학생 : "제가요? 그래도 돼요?"

선생님 : "그럼, 그래도 되지!"

2단계 What&How 호기심 질문법 사용

"여기 활동지 중에서 네가 할 수 있을 것 같은 것을 한 가지만 선택하 면 몇 번일까? 그건 어떻게 해결하면 좋을까?"

3단계 격려하기

"스스로 해결했네. 잘했어. 너 혼자서도 충분히 해결할 수 있었구나. 앞으로도 네가 할 수 있는 것부터 먼저 해 보자."

4단계 영역 확장하기(2주 정도 수업 후)

"지금까지는 한 시간 수업 중에 한 가지를 해냈으니까 이제부터 2주 동안 두 가지씩 해 보는 것은 어떨까?"

무기력에 빠진 학생에게 가장 필요한 것은 '격려'와 '용기'라고 생각했다. 성공의 맛을 알아 용기를 내어 도전할 기회를 제공하였고, 자신을 믿고 스스로 격려할 수 있도록 독려하였다. 학생이 할 수 없는 것보다는, 할 수 있고 하고 싶은 것에 초점을 맞추어 선택하고 집중할 수 있도록 하였다.

과제 분리 후 얻은 효과

약 2개월 후, 아이는 스스로 자신감이 생기기 시작했는지 정면 응시도 했고, 호기심 가는 내용이 나오면 집중하는 모습도 보였으며, 모둠 활동에서도 자기 역할을 찾아갔다.

디자인 수업을 하던 중에 문득 쉬는 시간이 되면 그림 스케치를 자주 했던 그 학생의 모습이 떠올랐다. "지난번에 보니 그림 솜씨가 좋던데? 오늘 수업에서 솜씨 좀 발휘해 볼까?"

수업이 끝나고 아이가 들고 온 그 결과물은 훌륭했고 친구들은 박수와 격려를 보내주었다. 고개를 숙인 얼굴에서 옅은 미소가 번지는 모습을 보고 나 역시 가슴이 벅찼다. 아이가 자신의 능력을 믿게 되었고 자신의 선택에 자신감이 가득해 보였다. 스스로 학습 동기와 삶의 의지를 찾은 것이다. 자기 생각과 감정, 행동을 바꿀 수 있는 것은 오로지 자신뿐이다라는 평범한 진리를 돼새겨 본다.

왜 과제 분리를 해야 할까?

과제 분리 전에는 학생의 무기력한 상태를 개선하려고만 하였다. 그러나 부정적 감정만 커져서 상처받고 포기하게 되었다. 반면 과제를 분리한 후 각자 역할에 책임을 지고 최선을 다하자 학생은 자연스럽게 수업에 녹아들었고, 나 또한 교사로서 자존감을 회복할 수 있었다.

과제 분리 전	(생각) 학교생활에 적응이 어렵구나. 수업이 힘든가 봐. 도와줘야겠는걸 안타까움
	(생각) 이런저런 제안을 함 친절함, 책임감
	(감정) 내 관심과 친절을 받아 주지 않네? 괘씸함, 무안함, 무시, 거절에 대한 분노
	(감정) 내가 이렇게 무능했나? 배려하고 노력했는데 아무 반응이 없네. 이젠 해볼 것이 없네. 경력이 몇 년인데 부끄럽다 무력감, 창피함
	(행동) 학생 행동을 무시하고 수업 진행 포기
과제 분리 후	(생각) 선생님으로서, 학생으로서 각자 할 일을 하자 과제와 역할 분리, 단호함
	(생각) 수업 내용은 조절하면 돼. 조금만이라도 혼자 할 수 있게 하자 친절, 배려
	(감정) 수업 참여가 늘고 자신감도 보이는걸. 잘한 선택이야 기쁨, 안도, 뿌듯함
	(감정) 눈을 마주치고 엎드리지도 않아. 모둠활동도 참여하네 감동, 소속감, 성취감
	(행동) 갈등이나 힘겨루기 없는 수업 진행 맞춤형 수업 진행(자존감 UP)

과제 분리를 함으로써 얻을 수 있는 효과를 정리해 보았다.

하나, 자율성과 책임감이 길러진다. 교사와 학생 각자의 과제를 명확히 이해할 때, 스스로 생각하고 결정해야 하는 동기가 생기며 책임감 있는 행동이 이루어진다. 학생은 학습량을 본인이 선택하고 노력하는 자신을 발견했고, 내 것은 내가 한다는 책임감이 길러졌다. 배움의 과정에서 자신감을 얻고 소속감까지 찾는 긍정적인 변화도 가져왔다. 무기력을 이겨 낸 것이다. 책임 의식을 느끼면 일의 결과가 달라지기 마련이다.

내가 교사니까 무조건 내 방식이 옳다고 생각하여 이끌었다면 학생과의 정신적·감정적 갈등이 깊어져 관계가 더 틀어졌을지도 모른다. 학생을 존중하고, 학생에게도 선택 능력이 있다는 신뢰를 바탕으로 출발하였고, 나는 교사 역할에 충실할 수 있었다. 나의 과제를 명확하게 인지하면 내가 할 일에 대한 목표가 명확해진다.

둘, 생활 지도에 도움이 된다. 교사를 감정 노동자라고 부른다. 얼마나 많은 감정에 노출되어 있으면 그러할까 싶다. 수업이나 생활 지도 상황에서 학생들을 성공적으로 지도하기 위해서는 감정적인 갈등을 줄여야 한다. 과제 분리는 이러한 갈등을 완화시키는 데 도움이 된다.

셋, 에너지를 효율적으로 사용할 수 있다. 타인의 과제까지 내 몫처럼 여겨 과도하게 개입하면 결국 에너지를 소진하거나 낭비하게 된다. 과제를 명확히 구분하는 것은 경계를 침범하지 않으면서 서로의 영역을 존중하겠다는 의사 표시이다. 과제 분리는 나의 과제에만 충실하게 에너지를 집중할 수 있도록 해 준다.

이제 과제가 분리된 건강한 교사가 되어 보자.

'과제 분리가 모든 학생에게 효과적일까?' 라는 의문이 들 수 있다. 그 의문에 이렇게 답하고 싶다.

"믿고 기다려 줍시다. 교사의 믿음이 학생의 성장에 큰 도움이 될 것입니다."

4장

"마음아, 괜찮니?"

고등학교 2학년 선택 교과 수업 시간, 첫 수업 시작 전 A 교사는 먼저 교실로 가서 학생들을 맞이했다. 그때 한 남학생이 몹시 불손한 태도로 교실로 들어섰다. 수업 시간 동안 어떤 활동에도 참여하지 않았고 첫 시간부터 보란 듯이 엎드려 잤다. 용모도 단정하고 교우 관계도 별문제 없어 보였으나 유독 교사에게만 도전적인 태도를 보였다. 가끔씩은 결석과 조퇴를 하는 듯 수업에 참여하지 않았고, 수업에 들어오는 날이면 여지없이 엎드려 잤다. 그냥 둘 수는 없어 깨우면 아주 귀찮다는 듯 욕을 하며 짜증을 부렸고, 눈을 뜨는 듯하다가 다시 자 버리는 모습으로 일관했다.

일반 고등학교 선택 교과 수업 시간 중 수업에 집중하지 않고 조는 모습은 흔히 볼 수 있지만, 도전적인 태도로 아예 엎드려 버리는 학생은 드물다. 그 학생의 담임 교사는 저경력의 여교사였는데, 이 학생이 어려워 아예 교과 수업 참여 부분에 대해서는 지도를 하지 못하는 상황이었다.

다른 학생들에게 미치는 영향도 있으므로 문제 해결을 위해 함께 훈육해 보고자 담임 교사에게 협조를 요청했다. 하지만 고경력 동료 교사의 요청을 부담스러워하는 듯한 모습을 보이더니 언젠가부터는 A 교사를 피한다는 생각이 들었다. A 교사는 학생과의 문제보다 저경력 동료 교사에게 더 큰 상처를 받았다. 이후 다른 학생들의 지도에도, 또 저경력의 다른 동료 교사들과의 관계에서도 위축되는 자신을 발견했다.

문제 상황에 영향을 미친 것들 찾아보기

A 교사는 수업 태도가 좋지 않은 학생과 관련한 가정환경이나 교우 관계 등의 정보를 담임 교사에게서 얻고 싶었다. 학생과의 '힘겨루기'에서 지원군을 얻어 학생보다 우위에 서고 싶었다. 스스로 선택한 교과이면서 대체 무슨 이유로 학습을 거부하고, 교과 교사에 대해 도전적인 자세를 보이는지 이유를 알아내 멋지게 문제 상황을 해결하고 싶었다.

일반 고등학교 2학년 정도가 되면 개인의 교과 선호도나 내신 성적에서의 중요도 여부 등과 같은 본인의 대입 관련 교과목 위치에 따라 교과 교사를 대하는 태도가 매우 다르다. 또 담임 교사에게는 그런 불손한 태도를 보이지 않을 수도 있으므로 저경력 담임 교사가 생각하기에는 '자기 교과에서의 문제는 본인이 해결하지 왜 업무도 많은 나한테 떠넘기나' 싶었을 수도 있다. 안 그래도 불편하고 어려운 고경력 동료 교사와 함께 시간을 보내는 것이 부담스럽고 힘겨운 데다 학급 업무와 교과 연구만으로도 벅찬 상황에서 함께하는 시간을 피하고 싶었을 것으로 예상된다.

골든써클을 활용하여 A 교사의 'Why, How, What' 들여다보기

A 교사의 'Why'는, 담임 교사와 힘을 합쳐 수업 태도가 나쁜 학생을 지도함으로써 즐거운 배움이 일어나는 수업을 하고 싶었다. 동시에 동료 교사로서 좋은 관계를 맺고 싶은 마음도 있었다. 그 'Why'를 이루기 위하여 A 교사는 다음과 같은 'How'를 생각했다. 담임 교사와 충분한 시간을 갖고 그 학생에 대해 상의한 후 냉소적이고 보스처럼 행동하는 그 학생의 어긋난 신념에 숨겨진 메시지를 찾아낸다. 그런 다음 그 학생의 마음을 읽어 주어 소속감을 느낄 수 있도록 해 주고 싶었다. 그 'How'를 위해서 A 교사는 다음과 같은 'What'을 실행에 옮기고자 했다. 담임 교사와 함께 학급긍정훈육 방식으로 훈육하며, 학생 지도

뿐 아니라 동료 교사와도 공동체의 소속감과 자신감을 맛보는 즐거운 학교생활을 하는 것이었다.

그러나 서로 관점과 입장이 달랐고, 결국 그 학생에 대해 담임 교사와 아무것도 공유하지 못했다. 뿐만 아니라 동료 교사로서 저경력 교사들과 가까이에서 좋은 관계를 맺는 것이 힘들어지는 상처까지 남았다.

골든써클을 활용하여 스스로의 내면 성찰하기

골든써클은 긍정훈육에 기반을 둔 자기 성찰 활동이다. 자기 성찰 골든써클의 단계별로 활동해 보면서 교사로서, 또한 한 개인으로서 스스로의 내면을 들여다볼 수 있는 기회를 가졌으면 한다.

The Golden Circle

WHY
HOW
WHAT

① 'Why'를 명확하게 설정하기 : 여기서 'Why'는 그 조직(또는 세상)에서 이루기를 원하는 당신의 비전 또는 신념이다. 당신의 직장 또는 당신의 인생에서 행복한 삶을 위한 비전

을 먼저 선정해 본다.

② 'How'를 찾아서 기록해 보기 : 'How'는 당신이 원하는 것을 얻기 위한 당신의 일하는 방식 또는 노력을 의미한다. 비전이나 신념에 근거하여 어떤 방식으로 일하는지 또는 노력하는지 기록해 본다.

③ 'What'에 대해 구체적이고 자세하게 기록하기 : 'What'은 당신이 구체적으로 실행하고 실천하는 것을 의미한다. 'Why', 'How'에 맞게 얼마나 잘 실천하고 있는지 작은 것까지 구체적으로 적어 본다.

건강한 관계를 유지하며 살기 위한
나의 비전은 행복 속의 성장과 께?입니다.

나의 How는 • 나·우리·상황의 의미?
• 계획하고 머릿해서 쉬기
• 내 감정에 충실하기

나의 열과는 • 행복한 시간 만들기
• 꾸준히 공부하기(익혀서 생활화하기)
• 운동·취미 몰입하며 즐기기

동료 교사와 편안한 관계 맺기

담임 반 학생이 수업 시간에 제대로 참여하지 않는다는 얘기를 꺼내면, 업무 전가로 여기거나 담임 반 학생을 험담하는 것으로 받아들일 수도 있다. 그러므로 처음 대화의 물꼬를 틀 때는 일상적인 이야기로 시작해 정서적인 친밀감을 형성하는 것이 먼저다. 그 다음은, 학생과 먼저 대화를 시도하여 행동 아래 감춰진 신념을 찾기 위한 노력을 기울이면서 단계에 맞게 힘을 쓸 통제권을 주거나 직접 도움을 요청하는 것도 좋은 방법이다.

A 교사의 골든써클 재점검하기

1단계 'Why'를 명확하게 설정하기 : 즐거운 배움이 일어나는 수업 활동을 위해, 그리하여 교사로서의 소임을 다하기 위함이다. 동시에 동료 교사와 협업을 통해 공동체 안에서 소속감을 느끼며 즐거운 학교생활을 하는 것이었다.

2단계 'How' 찾아서 기록해 보기 : A 교사의 'How'는 먼저 그 학생과 좋은 인간관계 형성^{connection}을 하는 것이다. 수업 시간의 겉모습만 보지 말고 그 학생의 본모습을 볼 수 있는 노력을 했으면 한다. 이야기를 나누어 볼 수 있는 기회를 만들자. 그리하여 그 학생을 이해할 수 있는 지점을 찾아내어 공감해 주고 격려하기를 시도해 본다.

3단계 'What'에 대해 구체적이고 자세하게 기록하기 : 'How'를 위해서 A 교사가 실행했던 'What'은 담임 교사와 먼저 소통하는 것이었다. 그러나 그 이전에 학생과 상담을 해 연결과 소속의 고리를 만들고 나서 담임 교사를 지원하는 방식으로 실천했어야 한다. 그랬다면 담임 교사도 부담스러워하는 대신 담임 반 학생의 생활 지도에 보탬이 되어 고마워했을 것이다.

5장

동료 교사와 지혜롭게 관계 맺기

"12번 문항에 ③번 수정을 안 하셨네요?"

"그 답지를 굳이 바꿀 이유가 없어서요."

"그 문항이 답이 될 수도 있다는 생각이 들어서요."

"……."

"문항에 문제가 생기면 우리 과 전체 선생님들이 같이 책임을 져야 해요."

후배 교사가 동 교과 선생님 간에 상호 컨설팅 후에도 의견을 받아들이지 않고, 최종 편집을 해 온 상황이었다. 하지만 후배 교사는 이런 논의 끝에도 석연치 않은 표정을 지으며 '다시 생각해 보겠노라'는 대답만 남기고 자리를 떴다.

그런데 다행히도 시험 보기 직전, 그 후배 교사가 스스로 답지 수정을 하겠노라고 찾아왔다.

경력 5년차 때 일이다. 다른 반 아이와 우리 반 아이 간에 주먹다짐이 있었다. 학년 회의가 열렸고, 아이들이 쓴 사실확인서를 바탕으로 학년 차원의 징계를 결정하는 과정에서 나와 선배 교사의 의견이 갈렸다.

"교직에 온 지 얼마나 되었다고, 꼭 고집을 피워야겠어?"

결국 연륜에 밀려 선배 교사의 의견대로 진행되었다. 결과도 그랬지만, 의견 차이를 경력이라는 힘으로 누르는 것 같아서 억울했다. 이후, 그 선배 교사와 부딪치지 않으려고 무조건 피했다. 그때부터 몇 년간은 '선배 교사는 버거운 존재'라는 나만의 신념에 따라 피하거나, 무조건 따르거나, 잘 보이려는 행동 등으로 선배 교사들에게 대응했다.

교사는 교실에서뿐만 아니라 교무실에서도 크고 작은 상처를 받는다. 많은 교육 전문가들 역시 학생과 교사의 갈등, 학부모와 교사의 갈등보다 교사와 교사의 갈등이 가장 해결하기 힘들다고 한다.

돌아보면 첫 번째 상황에서 '조급했구나' 하는 아쉬움이 남는다. 최종 편집 후에도 수정을 요청할 기회가 있을 텐데, 내 감정이 '무시'라는 것에 걸려서 서둘러 의사 표현을 했고, 관계가 어색해졌다. 그로 인해 그 후에 더 많은 것을 잃었기 때문이다. 관계를 회복하는 데 참 많은 시간이 들었다.

두 번째 상황도 두 사람 모두가 힘겨루기 상태였던 것 같다. 두 사람이 선택한 방법 모두 궁극적으로는 아이들을 위한 것이었기에 사실 그 차이는 대동소이했다. 그럼에도 그 선배 교사는 오랜 경력으로, 나는 저경력 교사로서 그때까지 배워 온 자존심으로 옳다고 여겼다. 돌아보면, 당시에 우리 둘을 제외하고 학년에서 논의하여 결정하게끔 조금 더 일찍 내가 물러서지 않은 것이 아쉬움으로 남는다. 그 모든 것이 아이들을 위한다는 것에는 다름이 없으니 말이다.

나의 '버튼'이 눌리는 지점 파악하기

상처를 덜 받고 문제를 잘 해결하기 위해서는 냉철하고 이성적인 상태에서 대응해야 한다. 사람은 누구나 자신만의 '버튼'이 있다. '버튼'이 눌리는 순간 우리는 원초적인 파충류의 뇌로 변한다. 교사도 사람인지라 상황에 따라 버튼이 눌리고, 각자가 잘 흔들리는 감정들이 있다. 나의 경우에는 유독 '무시당한다' '억울하다'는 감정이 들 때 감정적 버튼이 눌린다. 당신은 어떠한가? 유독 과민하거나 뒷감당이 길어지는 나만의 버튼 지점은 무엇인가? 나의 버튼을 찾아내 알아차리는 것만으로도 많은 도움이 된다. 잠시 눈을 감고 내 배꼽 밑에 있는 감정을 찾아보자.

나는 ＿＿＿＿＿＿＿＿한 감정이 들면 흔들리고 버튼이 눌리는 것 같다.

오늘은 어떤 일들이 있었는가? 지금도 마음에 걸려서 지우고 싶거나, 해결하고 싶은 일들이 있는가? 동등하다고 생각하는 동료와의 관계에서 같은 문제로 매번 해결이 안 되면 상처가 될 수도 있다. 상대의 문제가 아닌 나의 문제들로 반복되는 일들이 일어날 수도 있다. 바둑기사들은 바둑 경기가 끝나고 나면 복기를 해 본다고 한다. 나의 대응도 복기해 보면 도움이 되지 않을까? 복기를 통해 알아차리고 회복하는 시간이 필요하다. 지금도 마음에 남는 문제가 있다면 다음과 같은 질문을 해 보자.

① 내가 해결하고 싶었던 문제의 본질은 무엇인가?(내가 하고 싶었던 것은 무엇인가?)
② 어떤 불편한 감정이 들었고, 어떤 생각이 들었는가?
③ 그 감정과 생각 때문에 나는 어떤 행동을 했나?
④ 그래서 그 방법이 효과적이었나?
⑤ 다시 대응할 기회가 생긴다면, 어떻게 말하고 행동할 것인가?

나는 조절할 수 있지만 타인은 조절할 수 없다. 나를 어떻게 조절할 것인지를 알고 있다면 지난 일은 어찌할 수 없더라도, 다시 유사한 감정과 생각이 들었을 때 도움이 될 것이다.

매일 아침 '나' 챙기기

매일 아침 일과 시작 전에 나의 상태를 잠시 점검하는 시간을 가져 보라. 자신의 상태를 스스로 잘 인지하고 있기가 쉬운 일은 아니다. 몸이든 마음이든 과부하가 걸리면 잘 작동하던 많은 것들이 조금씩 이상 증상을 만들어 낸다. 주어진 일을 하느라 자신의 상태를 모른 채 일상을 지내기 일쑤다. 정확히 인지하고 주도적으로 시간을 보내는 것이 건강한 일상 첫 걸음이다. 그 다음 과정은 오늘의 할 일을 정리하는 일이다.

긍정훈육에 등장하는 영어 단어 중에 'should'(~해야 한다)가 있다. 우리는 자신이 생각하는 일상에서의 'should'가 있다. 기록하거나 도표화해 보면 더 잘 보일 수 있다. 자신의 'should'를 생각해 보고 적어 보면 나의 일상을 되돌아볼 수 있다.

① 오늘 학교의 'should' –
② 일상적인 학교에서의 'should' –
③ 학교 밖에서의 'should' –

일상적인 학교생활에서 적정량의 'should'로 살아가고 있는가? 혹시 덜어내거나 삭제해도 되는 'should'가 있는 것은 아닌가? 아니면 동료 교사의 협조를 받거나 부탁이 가능한 'should'는 있는가? 오늘, 여러분의 학교 일상을 점검해 보자. 먼저 크게 원을 그리고, 조각을 나누어 '해야 할 일'을 크기에 따라 적어 보라.

▲ 해야 할 일과들 예시

이렇게 하면 건강한 마음 상태에서 해야 할 일들을 즐겁게 완
수해낼 수 있다.

교사는 걸어 다니는 인생 교과서

평화로운 학교생활을 위해서 교무실에서 금지 행동(공동체를
불편하게 하는 행동)에 대한 가이드라인을 정한 적이 있다. '동료

를 무시하는 발언과 행동', '은근히 따돌리기', '학생 지도할 때 큰소리로 하는 욕설', '기분 나쁜 농담', '시험 문제 출제에서 강한 주장', '독단적 행동', '상대방 말 끊지 않기', '반말하지 않기' 등이 나왔다.

학교생활을 하다 보면 무엇으로부터든지 상처가 생길 수 있다. 상처로 인해 부정적 감정들이 드는 것들은 가급적 빠르게 약을 바르기를 권한다. 최대한 그 문제 때문에 생긴 생채기를 집으로 가져가지 않아야 한다. 먼저, 그 상황으로부터 회복이 되었는지 자신에게 끊임없이 질문하라. 그리고 솔직하게 답하라.

① 그 문제에서 더 해결하고 싶은 문제가 있는가?
② 남아 있다면, 해결하고 싶은 것이 있다면, 상황상 가능한가?
③ 남아 있다면, 어떤 방식으로 다시 해결할 것인가?
④ 남아 있다면, 나도 존중하고, 동료도 존중하는 방식인가?
⑤ 해결하고 싶은 문제가 없다면, 눈을 감고 자신에게 집중하여 감정을 솔직하게 점검하라.

자신이 건강하지 못한 상태라면 아이들을 만나는 일은 즐겁지 않다. 산다는 것이 늘 즐거울 수만은 없지만, 일상에 간간이 숨어 있는 즐거움, 감동 같은 것이 있어야 한다. 교사인 내가 즐겁고 기대되는 일상이어야 아이들에게 좋은 영향력을 미칠 수 있기 때문이다. 농부가 봄에 씨를 뿌리는 것처럼, 십 대를 가르치는 일은 땅 속에 씨를 뿌리는 것과 같다. 십 대 아이들은 주변에 있는 어른들을 보며, 어른이 된 자신을 꿈꾸고 배워 가기 때문이다. 교과뿐만 아니라 어른이 되어 사회의 일원이 되었을 때 행할 사회적 기술들을 습득하게 된다. 그래서 학생들에게 교사는 걸어 다니는 인생 교과서다.

자신의 마음 근육 키우기

속상하고 힘든 날들이 없이 교사로 지낼 수 있을까? 그럴 수만은 없을 것이다. 학교생활 속에서 우리가 가질 수 있는 모든 감정의 일들이 일어난다. 처음 겪으면 당황스럽고 겁도 나기도 한다. 하지만 다양한 경험이 쌓이면 내 안에도 근력들이 생긴다. 그 근력들이 자라면 단단한 뿌리가 되어 당황스럽더라도 차분하게 문제를 해결하는 멋진 교사가 될 수 있다. 마음의 근육이 단단할수록 뿌리까지 흔들리는 일이 줄어든다. 나의 마음 근육을 단련하기 위해 다음처럼 해 보자.

자신을 성장시키기 위해서 닮고 싶은 선배 교사를 모델링하라

경력이 10년쯤 되었을 때 나에게 '내가 선배 교사라면 저런 분 같았으면……' 하는 선배 교사를 만났다. 동화 『바람과 해님』에 나오는 해님처럼 따뜻하게 포용해 주는 분이셨다. 무언가를 결정하기 전에 일보다는 관계를 먼저 생각하는 선배님이셨다. 내게는 교직 생활의 모델이자 이후 후배들에게 나도 그분처럼 기억되고 싶은 선배 교사였다. 그 선생님과 함께하는 따뜻하고 다정했던 경험 덕분에 부정적 경험이 낳아 왔던 지금까지의 오류들을 조금씩 수정할 수 있었다. 나쁜 기억이 있는 장소에서 다시 좋은 기억을 만드는 것이 상처로부터 회복하는 데 도움이 된다고 하지 않는가?

그 선배 교사에게서 많은 것을 배웠다. 우선, 부정적 감정 상태에서 대응하지 않고, 빨리 해결하고자 하는 조급함을 내려놓는 법을 배웠다. 화가 나거나 불편한 감정이 생기면 운동장을 한 바퀴 돌고 오는 법을 배웠다. 긍정훈육에서는, 문제를 해결하기 위해서는 그것이 첫 단계이자 가장 중요한 바로 '감정에서 물러나기'라는 것을 깨달았다. 여러분 주변에도 성장을 도와줄 모델이 존재할 것이다. 마음을 열고, 눈을 크게 뜨고 탐색에 나서라!

감정을 잘 다루는 '나'가 필요하다.

'에잇, 기분 나빠!' 하고 그냥 넘기지 말고 그 감정에 이름표를 달아 주기를 권한다. '좋다, 나쁘다' 이렇게 단순하게 말고, 속상함인지, 억울함인지, 두려움인지 구체적으로 자신의 감정에 정확한 이름을 붙여 주는 것이다. 이름을 붙여 줌으로써 내 감정이 어떻게 아파 하는지 알아차릴 수 있다. 알면 자신의 감정에 함몰돼 있던 상태에서 한 걸음 뒤로 물러설 수 있다. 그러면 감정이 더 명확하게 보이고, 잘 보이면 해결도 훨씬 쉬워진다. 해결되지 못하고 묵힌 그 감정들도 한 번쯤 스스로가 제대로 다루고 처리하는 것이 좋다.

자신을 스스로 돌보라!

튼튼한 마음 근육을 위해서는 마음을 관리하는 작은 시도들이 필요하다. 예를 들면, 행복한 하루를 시작할 수 있도록 아침 루틴을 만들어라.

눈을 뜰 때부터 기분이 좋아야 한다. 그러므로 눈을 뜨는 바로 그 순간 '자기 암시'를 하면 좋다. '나의 하루는 의미 있을 것이다', '나는 오늘 학생들과 더욱 많은 소통을 할 수 있다', '나는 오늘 동료 교사에게 격려를 많이 받을 수 있다'. 자기만의 행복한 자기 암시를 만들어 아침 잠자리에서부터 되뇌어 보자.

나의 경우에는 제일 잘 보이는 곳에 내가 좋아하는 그림을 걸어 두었다. 눈을 떴을 때 기분 좋게 시작하기 위해서다. 좋아하는 음악을 들으며 하루를 시작하기도 한다.

학교에서 기분이 우울한 일이 생길 경우를 대비해 기분 전환할 루틴도 미리 만들어라. 하던 일을 멈추고 5분 동안 창밖 바라보기, 커피 내리며 커피향(또는 차) 맡기, 학교 정원으로 가서 앉아 있기 등.

힘든 날에는 퇴근 후 이삼십 분만이라도 나만의 장소를 찾거나, 시간을 가져라. 기분을 환기하고 집으로 돌아가는 일은 대단히 중요하다. 집은 편안하게 휴식하며 충전하는 장소가 되어야 한다. 우리에게는 내일이 기다리고 있기 때문이다.

교사가 하는 일은 어마어마하게 위대하다. 한 사람의 인생에 공기처럼 스며들어 살아가는 내내 많은 영향을 끼치기 때문이다. 간단한 간식 하나만 만들어 내도 뿌듯할 일인데, 건강하고 행복한 교사가 아이들에게 더 좋은 영향을 미칠 것은 분명하다. 부모가 행복해야 아이에게 행복을 나누어 줄 수 있듯이 교사가 행복해야 아이에게 행복을 가르쳐 줄 수 있다.

우리는 불완전한 존재이기에 불완전할 용기가 진정 필요하다. 최선을 다했다면 자책하지 말고 받아들이는 용기를 갖기를 바란다. 아들러가 이렇게 말했다.

"당신은 당신으로 충분하고 나는 나로서 충분하다."

치유되지 않은 상처 역시도 담담히 허락해야 하는 이유이다.

6장

상처받지 않고 학부모와 연결되기

학년 초 학급 학생이 다른 학교 친구를 만나러 간다고 무단외출을 한 사례가 있었다. 이후 학부모는 상황을 학교 탓으로 돌리며 수시로 전화해 학생이 자리에 있는지 확인 했다. 그때부터 담임인 J 교사는 교과 교사들과 학급 학생들에게 학생이 없어지면 연락을 달라 부탁했다. 쉬는 시간이며 점심시간에도 수시로 교실에 가서 학생이 있는지 확인해야 했다.

T 교사는 서로 토의하며 친구들의 의견을 듣고 공유하는 시간이 중요하다고 생각해서 강의식 수업과 활동 수업을 병행하였다. 그날도 희성이는 모둠에서 자신의 학습지만 정리하기에 바빴다. 그래서 T 교사는 한마디했다.
"오늘 모둠 토의 내용은 친구들 의견을 듣고 적는 거야. 토의 없이 혼자 정리한 것은 과정평가 점수에서 제외할 거야."
그러자 희성이는 펜을 내려놓더니 모둠원들을 멍하니 바라만 보고 있었다. 다음날 희성이 학부모는 수업과 평가 방식에 관하여 민원을 제기했고, 이후 T 교사는 교실 수업에 대한 자신감과 의욕을 상실했다.

학생과 교사 그리고 학부모는 공동체

우리 아이들이 처음으로 만나는 사회는 가정이며 두 번째 만나는 사회는 학교이다. 아이들은 가정 환경 속에서 부모와의 관계를 통해 가치관과 관습을 배우며 성장한다.

가족 구성원에서 아이의 위치와 역할, 부모의 양육 방식 등이 아이가 성격을 형성해 가는 데 영향을 준다. 그리고 학교는 가정과 사회를 연결하는 다리 역할을 한다. 그래서 가족 분위기가 사회에서 요구하는 것과 다를 때, 중등학교 학생들은 학교생활에서 많은 어려움을 겪는다. 부모가 학생들의 가치 체계 형성에 막대한 영향을 끼치는 만큼 학생과 교사 그리고 학부모의 관계는 거미줄처럼 연결되어 있다.

교사는 위와 같은 문제 상황에서 오해와 불신의 고리를 없애고자 전후 상황을 상세히 설명하고 싶다. 하지만 안타깝게도 가정과 학교의 거리는 너무 멀다. 이에 현장에서 교사들의 고민은 나날이 더해 가고 있다. 그렇다면 갈등을 줄이는 방법은 무엇일까? 그 방법은 모두가 알고 있으나 모두가 실천하기 어려운 '소통과 연결'에 있다. 소통과 연결이 원활해지면 교사와 학생, 그리고 학부모 사이에 탄탄한 신뢰가 형성되고, 나아가 학부모와 교사가 서로 협동하는 일이 쉬워진다.

교사와 학부모의 협력적 상호 관계를 위해 누군가 변화되어야 한다면 누구를 먼저 변화시키는 것이 가장 쉬울까? 답은 정해져 있다. 우리 교사가 변할 수밖에 없다. 교사들의 마음, 생각, 행동을 변화시키면 학부모와 연결된 공동체로 변화될 수 있다. 교사만의 희생을 의미하는 것은 아니다. 한 걸음 물러서서 문제 상황을 인식하면 지금까지와는 다른 대응 방식을 찾을 수 있다. 그러면 좀 더 긍정적인 문제 해결책이 눈에 보인다. 한 걸음 물러섬으로써 두 걸음 나아가는 방법을 찾아내는 것이다.

문제 상황에 영향을 미친 것 점검하기

우선 스트레스를 건강한 방식으로 다룰 수 있어야 이 모든 불편에서 벗어날 수 있다. 스트레스를 받지 않을 수 있는 방법 몇 가지이다.

- 일어날 일은 일어난다는 것을 예상하고 마음의 준비를 하자!
- 평정심을 유지할 수 있는 마음의 근육을 키우자!
- 기분 나쁜 일이나 상처받은 일은 마음에 담지 말고 빨리 잊자!
- 스트레스의 원인을 체크하고 자존감을 키우자!

사람은 현실과 이상의 거리감이 클수록 스트레스를 많이 받는다. 내가 생각하는 방식과 상대방의 생각(감정, 행동) 차이에서 오는 스트레스가 교사들의 자존감을 낮춘다. 이에 다음의 알아차림을 통해 스트레스를 줄인다면 위의 J 교사도, T 교사도 답답하고 상처받은 마음에 큰 위안을 받으리라 본다.

활동

스트레스로 인한 교사의 대응 방식 변화 방법

1단계 스트레스 예상하기

① 왼쪽 원에 '학부모는 이래야 한다'는 교사의 생각을 쓴다.

② 오른쪽 원에 실제로 마주한 학부모의 모습을 쓴다.

③ 가운데에 스트레스를 받을 때 자신이 어떻게 하는지 쓴다.

(이것은 스트레스에 대한 교사의 대응 방식이다.)

④ '학부모는 이래야 한다'는 교사의 생각과 실제로 마주한 학부모의 모습을 중간의 스트레스 없이 바라보며 나의 생각, 감정, 결심을 정리한다.

(③의 대응 방식으로 스트레스를 더 받는 것은 아닌지 생각해 본다.)

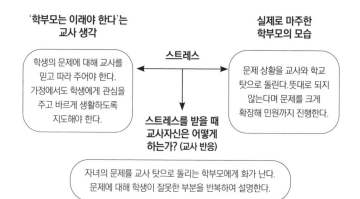

※ '학부모는 이래야 한다'는 교사의 생각과 실제로 마주한 학부모의 모습을 중간의 스트레스 없이 바라보며 나의 생각, 감정, 결심을 아래와 같이 정리한다.

교사가 문제 상황을 객관적으로 열심히 설명하려 해도 학부모는 귀를 닫고 마음을 닫아 버린다. 자녀에게 불리한 상황이 생길까 민원을 넣어 가며 힘의 우위를 차지하려 한다. 학교를 믿고 따라 주어야 한다는 생각은 교사인 나의 이상이었던 것 같다. 현실은 너무나 다르다. 문제 상황을 그렇게 해결하기로 마음먹은 학부모를 변화시킬 수는 없다. 무엇이 문제인지를 설명하기에 앞서 숨 고르기를 하자. 이제 자녀가 문제를 일으켰을 때의 학부모의 마음을 먼저 읽고, 문제에 초점을 맞추어 객관적인 해결 상황으로 들어가야겠다.

2단계 학부모의 '감추어진 신념' 찾기

인간의 모든 행위에는 목적이 있고, 대부분이 소속감과 존재감을 삶의 최우선 목표로 가지고 있다. 그래서 건강한 신념을 가진 사람들은 다른 사람을 배려하면서 공동체를 위해 유용한 방식으로 소속감과 존재감을 느끼며 살아간다.

반면에 다른 사람을 비판하며 자신의 이익과 성취에만 관심을 두고 공동체에 피해를 주는 행동을 하는 사람들도 종종 마주할 때가 있다. 이들은 낙담과 좌절로부터 자신의 목적을 달성하기 위해 '잘못된 목표'를 설정하고 만 것이다. '과도한 관심 끌기, 힘의 오용, 보복하기, 무기력' 이 네 가지 잘못된 목표를 선택하여 자신의 목적을 달성하고, 그로 인해 소속감과 존재감이 있게 될 것이라는 잘못된 믿음을 가지고 살아가는 사람들이다. '다른 사람의 관심을 받을 때, 힘을 발휘할 때, 복수심을 가질 때, 포기로 무기력함을 보일 때 소속감과 존재감을 성취할 수 있다'는 생각을 정말로 믿고 살아가는 것이다.

학부모가 보이는 어긋난 행동에 교사가 일일이 반응하다 보면 문제 해결은 되지 않고, 교사에게는 상처만 남는다. 그러므로 교사는 학부모의 행동과 목표를 이해하고, 각각의 목표에 맞는 효과적인 대응 방식을 찾아야 한다.

앞서 제시한 J 교사와 T 교사의 사례를 다시 돌아보자. 학생이 무단외출을 하지는 않을까 늘 걱정하며 지내야 하는 J 교사의 경우, 학부모의 목표는 지나친 '관심 끌기'이다. T 교사에게 민원을 제기한 학부모의 경우는, 학생이 지적을 받은 것에 대한 학부모의 '보복심리'라고 볼 수 있다. 이 두 상황에 교사는 어떻게 대응해야 할까?

학부모의 목표가 '지나친 관심 끌기'일 때

낙담한 학부모가 소속감을 느끼기 위해 사용하는 첫 번째 잘못된 목표는 지나친 관심을 얻으려는 욕구이다. 이런 경우의 학부모는, '학교에서 나를 주목하면 나는 소속감을 느끼고 나는 중요한 지위의 사람이 되는 거야'라는 어긋난 신념을 가지고 있다.

▶ **교사는 어떻게 협력적 대응 방식을 찾아야 할까?**

• 학부모의 숨겨진 메시지인 '관심과 인정'을 읽어 주자.

• 학급 및 학교 교육 활동에 참여시킨다.

• 학급 및 학교의 문제 해결 과정에 참여시킨다.

- 유용한 일을 하게 한다. 예를 들어 학급이나 학교에서의 역할을 의뢰한다.
- 가족회의 활용을 안내한다.

학부모의 목표가 '힘의 오용'일 때

낙담한 학부모가 소속감을 느끼기 위해 사용하는 두 번째 잘못된 목표는 힘겨루기이다. 자신의 힘을 과시하기 위해 학교와 교사를 이기고 싶어 하는 것이다. 교사가 수업 시간에 한 발언, 학교 시험 문항의 질, 다른 학교와의 비교 등이 그 예이다. '선생님이 몰라서 그러시는데'와 같은 관점으로 교사를 신뢰하지 않는다. 힘을 추구하는 학부모에게 교사는 힘으로 대응할 수 없기에 교사는 패배감에 그야말로 화병이 나기도 한다. 이 경우의 학부모는 '내가 학교를 통제할 때 누구도 나를 어쩔 수 없어. 그때 나는 소속감을 느끼고 나는 중요한 사람이 되는 거야'라는 어긋난 신념을 가지고 행동한 것이다.

▶ **교사는 어떻게 협력적 대응 방식을 찾아야 할까?**
- 학부모의 숨겨진 메시지인 '기회와 선택권을 달라'는 것을 읽어 주자.
- 학부모를 존중하는 마음을 유지하면서 힘겨루기를 하지 말고, 포기하지도 않는다.
- 감정이 격해지는 순간, 심호흡으로 숨을 가다듬으면서 한발 물러나 냉각기를 갖는다.
- 낮고 부드러운 목소리를 유지하되, 핵심만 짚어서 짧고 분명하게 이야기한다.

- 교사가 주도적으로 이 상황에서 무엇을 하면 좋을지 제안한다.
- 학부모의 어떤 반응에도 침착하게 대응한다.
- 가족회의 활용을 안내한다.

학부모의 목표가 '보복하기'일 때

학부모의 세 번째 잘못된 목표는 보복하기이다. 보복은 힘겨루기가 심각해진 상황에서 발생한다. 상대방을 굴복시키는 과정에서 자신의 중요성을 느낄 수 있는 유일한 수단으로 보복하려고 하는 것이다. 교사에 대한 불만을 교장실로 직접 전화하여 민원을 제기하거나 이조차 관철되지 않는 경우는 바로 교육청에 민원을 제기한다. 요즘은 학교로 직접 들어와 학생들 앞에서 교사를 망신 주는 최악의 상황을 만들기도 한다. '내가 받은 만큼 다른 사람들한테도 상처를 줄 거야. 사람들은 나를 좋아하지 않아'라는 어긋난 신념 때문이다.

▶ 교사는 어떻게 협력적 대응 방식을 찾아야 할까?

- 학부모의 숨겨진 메시지인 '상처받은 내 마음을 알아 주세요'를 읽어 주자.
- 자녀를 사랑하는 부모의 감정을 읽어 준다.(무조건적 수용)
- 경청하면서 신뢰를 쌓는다.
- 어느 한 편을 들지 않는다.
- 공감과 배려, 장점을 격려한다.
- 교사의 감정을 표현하고 나눈다.
- 가족회의 활용을 안내한다.

학부모의 네 번째 잘못된 목표는 모든 것을 완전히 포기한 무기력이다. 이때 학부모는 교사가 학생 문제로 상담을 요청해도 아무런 반응을 보이지 않는다. "소용없어요. 그 애는 원래 그런 아이니 그냥 선생님이 알아서 처리하세요"라며 아이의 교육을 포기하는 경우이다. '나는 무능한 사람이야. 사람들이 나한테 아무런 기대도 할 수 없게 할 거야'라는 어긋난 신념을 가진 것이다. 이때 교사들은 어떻게든 아이를 돕고 싶지만 학부모의 무관심에 결국 포기하게 된다.

▶ **교사는 어떻게 협력적 대응 방식을 찾아야 할까?**

• 학부모의 숨겨진 메시지인 '기술과 능력을 주세요'를 읽어 주자.

• 아이의 가능성에 믿음을 가질 수 있도록 설득한다.

• 동정하지 않는다. 포기하지 않는다.

• 기술을 가르친다. 어떻게 하는지 시범을 보여 준다.

• 아이의 장점과 관심 분야에 초점을 맞춘다.

• 시도한 것 자체를 격려한다.

• 가족회의 활용을 안내한다.

새롭게 행동하기_행동 수정 전 연결되기

학부모와의 정기적 소통이 중요!

1학기 상담에서는 학부모의 이야기를 많이 들어 주고, 2학기 상담에서는 그동안의 관찰 기록을 근거로 교사가 많은 이야기를 해야 한다. 학부모 상담 전에는 논의해야 할 내용을 유목화시켜 정리해 놓고, 교우관계, 학생상담 일지, 학생의 수업 활동 결과물 등을 준비해 놓아야 한다. 이것은 상담 시 인정해야 할 사실에 관해 설명하는 데 가치 있는 중요한 자료가 된다.

① 교사가 알고 싶은 상황	② 학부모가 알고 싶은 상황
학생의 가정에서의 모습 학부모의 기대 가정의 가치 기준 가족들이 학생을 대하는 방법	학교생활에서의 학생의 행동 학업 성취도 학생에 대한 교사들의 평가 학생의 진로 진학

③ 상담을 통해 학생에 대해 알게 된 것
학생은 엄격한 가정 환경 속에서 성장하였으며 부모의 기대 수준이 매우 높음.
학생은 가정에서도 경직되어 있고, 성적에 대한 스트레스를 많이 받으며 수면 시간이 부족함.
실수해도 괜찮다는 것과 격려를 많이 해 주어야겠다는 의견이 듦.

학부모와 연결되기_행동 수정 전 연결되기

학부모와의 연결은 공감과 소통에서 시작된다. 소통에서 가장 중요한 것은, 시작점에서 긍정적 표현을 먼저 하는 것이다. 학부모는 자녀를 자신과 동일시하므로 학생의 문제 행동에 대해 그 책임을 자신에게 묻는 것 같아 부끄럽고 불편하다는 생각이 들게 마련이기 때문이다.

"학부모님 안녕하세요? 귀한 자녀를 지도하게 해 주셔서 감사드립니다. 진선이는 활발하여 교과 선생님들과 친구들로부터 교실 분위기를 밝게 만들어 준다는 말을 많이 들으며 생활하고 있습니다. 걱정을 드려 송구하오나, 오늘 진선이가 운동장에서 친구의 발목을 걸어 친구가 좀 다쳤습니다(상황 설명).

누구나 실수를 할 수 있습니다. 진선이를 격려하며 성장을 지원하겠습니다."

학부모가 화가 나서 학교에 왔다면, 교사는 비판에 대응하기 전에 부모의 화와 울분을 풀게 하는 분별력을 가지고 있어야 한다. '그런 것이 아닙니다'로 시작하는 것보다, 우선 학부모의 말을 경청하는 것이 중요하다. 이때 교사는 문제 상황에 대한 학부모의 인식(물론 오해와 학생 중심적인 사고로 일관되어 있지만), 학생이 문제 상황을 어떻게 해석하여 전달했는지 등 상황의 재해석에 대한 정보를 얻을 수 있다.

분노는 경청하고 공감하고 이해하려는 진심 어린 마음을 보일 때 줄어든다. 교사가 단계별로 대응 방법을 생각하여 진행한다면 일반적인 부모들은 평온을 찾고 아이를 위한 것이 어떤 것인지 인지하며 조용한 대화가 시작될 수 있을 것이다.

1단계 진정시키기 : 말의 속도 늦추기, 목소리 톤 낮추기, 비언어적 표현 등

"여기 자리에 앉아서 말씀하셔도 돼요. 마실 것 좀 가져다드릴까요?"

"예, 대화 시간을 충분히 가질 것이니 안심하셔도 돼요."

2단계 연결 : ~해 보이십니다.

"소중한 다영이를 많이 아끼시고, 고민을 많이 하시는 것에 대해 공감해요. 저도 같은 마음입니다."

"문제 상황이 걱정되고 화도 많이 나셨으리라 생각돼요."

3단계 수정 : 문제 해결 방안으로 안내, 제한된 선택 주기 등

"○○는 소중합니다. 어떻게 하면 문제 행동을 수정할 수 있을지 그 부분을 함께 의논했으면 해요."

"○○는 지금 중요한 청소년기를 보내고 있습니다. 저도 더 발전적인 방법을 찾아볼게요."

"이 사안을 가지고 가족회의를 진행해 보시는 것은 어떨지 제안해 봅니다."

7장

교사·학생·학부모 연결,
쉬운 것부터 실천하기

변화를 위한 첫 단추 : 목표 세우기

목표를 세우기 전에 가장 먼저 해야 할 일은 현재 아이의 삶의 모습을 진단하는 것이다.

지금 자신의 삶의 모습을 떠올려본다. 동그라미를 그리고 각각의 활동에 얼마나 많은 시간을 보내는지 선으로 원을 나누고 그 안에 적는다. 예를 들어, 학교생활, 학원, 공부, 게임, 소셜미디어(SNS), 가족과의 시간, 운동 등

그런 다음, 아이들을 면밀히 관찰하고 그 아이의 기질과 특성에 따라 두 종류로 분류한 후 장기적인 목표 혹은 단기적인 목표를 설정하도록 돕는다. 참을성이 있고 자기 성취 욕구가 강한 아이에게는 장기적인 목표를 설정하게끔 했다. 반면에 순발력은 있으나 지구력이 조금 떨어지는 아이에게는 단기적인 목표

를 설정하도록 지도하였다.

다음은 장기적인 목표와 단기적인 목표를 설정하는 방법이다.

지금부터 5년 후 당신의 삶은 어떠하길 바라는가?
당신의 삶에서 바라는 것 다섯 가지를 써 보자.
* 이것이 당신의 장기적인 목표이다.

1)

2)

3)

4)

얼마 있으면 다가올 겨울방학 동안 이루고 싶은 것이 있는가? 그렇
다면 무엇을 할지 세 가지만 적어 보자.
* 이것이 당신의 단기적인 목표이다.

1)

2)

3)

가장 쉬운 실천 실습하기 : 코 만지기

어떠한 문제에 부딪혔을 때 그 문제의 본질을 들여다보고 나 자신을 성찰한 후 변화가 필요하다는 인식을 했는가? 이때 낙담에서 변화로 가는 다음 네 가지 단계가 있다. 바람Desire과 인식 Awareness, 수용Acceptance, 선택Option이다.

흔히들 변화하고 싶다면서도 막상 실천에 옮기지는 않는다. 먼저 오른손으로 코를 만져 보라. 그런 다음 그 자리에 엎드려서 한 손으로 팔굽혀펴기 200개를 해 보자. '코 만지기'와는 달리 팔굽혀펴기는 쉽지가 않다. 이유는 너무 어렵기 때문이다. 그러므로 변화를 위해서는 일단 지금 바로 '코 만지기' 실습을 제안한다. 손으로 '코 만지기'가 어렵다고 생각하는 사람은 아마도 아무도 없을 것이다. 주저함 없이 그저 아무 생각 없이 '코 만지기'를 했던 것처럼, 실천을 시작해 보기를 제안한다. 변화를 위한 최선의 방법은 '그냥 하는 것'이라는 것임을 다시 한 번 강조해 본다.

상담 전 학생과 학부모에게 학생의 장점 적어 보고 생각 나누기

A4 용지에 학생과 학부모 각각에게 학생의 '장점'을 적어 보

게 한다. 둘이 쓴 것을 나란히 놓고 보면 공통적으로 적은 항목이 나온다. 이때 학생, 학부모는 서로 소속감을 느끼면서 마주보고 웃을 수 있는 기회를 갖게 될 것이다.

학생이 보는 본인의 '장점' (예시)	학부모가 보는 학생의 '장점' (예시)
명랑하다 교우 관계가 좋다 관심사가 다양하다 친구들의 고민을 잘 들어 준다	교우 관계가 좋다 손재주가 좋다 인정이 많다 집안일을 잘 거든다

'톱 카드'를 사용한 상담 기술

'톱 카드'란 인간을 '사자, 독수리, 카멜레온, 거북이' 네 가지 성격 유형으로 나눈 것이다. 각각의 동물은 서로 다른 방식으로 스트레스를 다루므로 스트레스를 받고 두려움을 느낄 때 어떻게 자신을 방어하는지 알아낼 수 있다. 다른 사람의 본성을 더 많이 이해하고 자신의 고유한 특성을 더욱 잘 받아들이는 데 도움을 주는 톱 카드는 격려 상담에서 유용하게 쓰인다.

먼저 차트에 네 개의 상자를 그린다. 각각의 상자 위에 매듭을 그리고 각각에 내용물을 적는다. 첫 번째 상자에는 '고통과 스트레스', 두 번째 상자에는 '거절과 귀찮음', 세 번째 상자에는 '의미 없음과 중요하지 않음', 네 번째 상자에는 '비판과 조롱'을 적어 넣는다. 이 네 개의 상자가 집 앞에 도착한 후 다시 돌려보낼 수 있다고 했을 때 돌려보낼 상자를 골라 보게 한다.

고통과 스트레스를 골랐다면 당신은 '거북'이고, 톱 카드는 '편안함/회피'이다. 거절과 귀찮음을 골랐다면 '카멜레온'이며, 톱 카드는 '즐거움'이다. 의미 없음과 중요하지 않음을 골랐다면 당신은 '사자'이며 톱 카드는 '우월성', 비판과 조롱을 골랐다면 '독수리'이며 톱 카드는 '통제'이다.

여기서 교사, 학생, 학부모가 각각 톱 카드를 확인한 후 각자가 다른 특징을 가졌음을 이해하고 다른 특징에 대해 존중하는 마음을 배울 수 있을 것이다.

상호 존중하는 의사소통 연습하기

타인뿐 아니라 자기 자신, 그리고 상황을 존중하는 방법을 배우는 일은 건강한 관계의 기초가 된다. 담임 교사로서 또는 학년 부장으로 또는 교과 교사로서 최대한 겸손한 자세로 경청하려고 애쓴다. 교사 또한 학부모 입장도 겪어 보았기에 학부모의 입장이 되어 무엇을 걱정하는지, 무엇에 관심 있어 하는지 세심하게 듣고 공감하려고 노력한다. 이때 학부모가 말하는 것을 듣다가 자신의 이야기로 주제를 바꾸는 것은 절대 금물이다. 조금 지루하더라도 경청이 첫 번째임을 잊지 말아야 한다.

대부분의 학부모는 내 아이가 공정하지 않게 대우받지는 않는지 걱정한다. 또한 가정에서와는 다른 학교에서의 생활을 궁금해한다. 이때 평소 관찰해 왔던 아이의 장점과 아이의 관심사를 넌지시 알려 주고 아이가 교사에게 사랑받는 특별한 아이임을 이야기해 주면 학부모와 공감대를 형성하기가 쉽다.

충분히 경청했다는 생각이 들면 감정을 솔직하게 나누어야 하는 순간이 있다. 이때 감정을 나누는 간단한 방법은 아래 두 문장을 연습하는 것이다.

- 내 마음이 <u>우울해.</u>
- 왜냐하면 <u>친구하고 싸웠어.</u>
- 그래서 난 <u>친구가 화난 마음을 풀어 주길</u> 바라.

- 당신 마음이 <u>슬프군요.</u>
- 왜냐하면 <u>다른 때보다 목소리가 낮아요.</u>
- 그리고 당신은 <u>위로받기를</u> 원하는군요.

'내 마음이' 뒤에 오는 첫 밑줄에는 감정의 형용사를 넣어 자신의 마음 상태를 표현한다. 이어서 왜 그런 마음 상태인지 천천히 생각해서 두 번째 밑줄을 채우고, 그 상태를 해결하기 위해 무엇을 바라는지 곰곰이 생각한 뒤 마지막 밑줄을 채운다.

이어지는 문장은 상대의 마음을 읽고 표현하는 것이다. '당신 마음이’ 뒤에 오는 첫 밑줄에도 상대의 생각이나 감정을 추측해서 적어 넣는다. 이어지는 밑줄들은 ‘내 마음이’와 같은 방법으로 채워서 이야기해 본다.

내 감정에 집중해서 상대와 상대의 행동을 비난하지 않고 표현하고, 상대의 마음을 읽고 표현함으로써 의사소통의 물꼬를 지혜롭게 터 나갈 수 있을 것이다. ‘격려의 언어’가 바로 이것을 바탕으로 한다. 모든 학생에게는 장점이 있다. ‘당신 마음’을 읽듯이 학생을 읽어 장점을 찾고, 그것을 바탕으로 긍정적이고 발전적인 모습을 기대할 수 있는 언어를 찾아내 보자. 교사가 건네는 격려의 언어에 학부모는 교사를 자녀의 문제를 상의할 수 있는 동지로 여길 것이며, 학생 또한 자신의 장점을 찾아 주는 선생님에게 고마움을 느끼며 더욱 긍정적인 사람이 되려고 노력할 것이다.

저자
소개

고영애 『학급긍정훈육법 실천편』(공저), (전)경기 중등수석교사,
(사)한국긍정훈육협회 이사, PDC·PD 트레이너,
EC 컨설턴트, 마르스 중등 PDC연구회

중등교사로 재직하면서 친절하고 단호한 교사로 살아가고자 학급긍
정훈육 공부를 시작하였고, 실천하고, 강의를 통해 공유해 왔다. 교사와
학생이 상호 존중하고 격려하는 민주적인 교실이 되기를 바라는 마음
과 흔들리는 교사들의 성장에 도움이 될 수 있기를 꿈꾼다.

김성옥 경기 중등교사, PDC 퍼실리테이터,
PD 에듀케이터, 마르스 중등 PDC연구회

11년 전 학생 지도에 대한 극심한 어려움을 겪다가 아들러 심리학과
학급긍정훈육법을 만나 교육철학을 재정립했다. 현재는 '서로 존중하
는 관계 형성이 먼저다'라는 신념을 토대로 '마르스 중등 PDC' 모임에
서 함께 연구한 기술과 활동들을 학교 현장에서 꾸준히 실천하고 있다.

김순희 경기 중등교사, (전)경기 중등수석교사, PDC·PD
에듀케이터, EC 컨설턴트, 마르스 중등 PDC연구회 운영

지나치게 허용적인 교사로 교실이 소란스러울 때, 학급긍정훈육을

접하고 아이들과 즐겁게 수업하는 교실로 만들어 낼 수 있었다. 그 과정과 비법을 중등 선생님들과 공유하고 싶다.

문용우 경기 중등교사, PDC 퍼실리테이터, 마르스 중등 PDC연구회, 미래교실네트워크 경기지역장, 경기도 미래교실교육연구회 운영

교사로서 정체성을 잃어 가던 시기에 학급긍정훈육을 만나 교사의 길을 발견하였다. 중등 학급긍정훈육 모임 '마르스 PDC'의 일원으로 열심히 활동하며 더 나은 내일을 꿈꾸고 있다.

신영인 경기 중등수석교사, 한국외국어대학교 겸임교원, PDC·PD 에듀케이터, EC 컨설턴트, 마르스 중등 PDC연구회

중등에서 격려 수업과 학급긍정훈육법을 실천하며 학생 생활 지도를 연계한 교사와 학생연수 강사로 학교 현장에서 실천 사례와 성장 방법을 나누고 있다.

윤민경 경기 중등수석교사, PDC·PD 에듀케이터, EC 컨설턴트, 마르스 중등 PDC연구회

힘든 아이들을 만나면 감정을 누르면서 상황을 피했고, 스스로 부족함을 감추려 더 통제적인 교사가 되기도 했다. 학급긍정훈육을 공부하면서 통찰력이 생겼고 아이들과 연결되려고 진심으로 대화하는 멋진 나를 만났다. 이런 경험을 부모 교육, 학생 교육, 교사 연수를 통해 열심히 나누고 있다.

윤은희   (전)경기 중등수석교사, (사)한국긍정훈육협회,
PDC·PD 에듀케이터, 마르스 중등 PDC연구회

29년간 고등학교 과학 교사로서 학생들의 학문적 성취 및 마음 성장을 위한 교육 활동에 열정을 다하였다. 수석교사로서 경기도 중등학교 교사들의 수업과 평가 혁신, 학생 생활 지도 및 자존감 회복을 위한 조력자 역할에도 전념하였다. 현재에도 학생과 교사의 민주적인 학교생활을 위해 찾아가는 학교 연수 및 자녀들로 인해 고민하는 학부모 연수 지원으로 삶에 긍정적인 변화를 전하기 위한 학급긍정훈육 강사로 활발히 활동 중이다.

이영선   (전)경기 중등수석교사, PDC 퍼실리테이터,
PD 에듀케이터, 마르스 중등 PDC연구회

교실 속 현장에서 학생들과 함께 학급긍정훈육을 실천하면서 더 따뜻한 세상을 만들어 갈 수 있는 사회적 기술을 배웠다. 학생들의 성장을 지켜보면서 나 역시 더불어 성장할 수 있었다. 더 많은 교사가 학급긍정훈육에 스며들 수 있기를 간절히 소망한다.

이은정   경기 중등수석교사, PDC·PD 에듀케이터,
EC 컨설턴트, 마르스 중등 PDC연구회

학급긍정훈육을 만난 덕분에 통제형 교사에서 수업 속에서 긍정훈육을 실천하는 민주적 교사로 성장하고 있다. 아이들과 신뢰를 쌓고, 격

려를 통해 긍정적인 변화를 이끌어 내는 생활 교육과 학급 운영을 연구하며 실천하고 있다. 이러한 경험을 더 많은 선생님들과 나누기 위해 다양한 연수 강의를 진행하고 있으며, 교사와 학생이 함께 성장하는 교실을 꿈꾸는 '마르스 PDC'와 그 길을 함께 걸어가고 있다.

이은출   (전)경기 중등교장, PDC · PD 에듀케이터, EC 컨설턴트, (전)한국긍정훈육협회 이사장, 경기도 그린스마트 미래학교 교육기획위원

중학교 교장 퇴임 후 경기도 미래교육연수원에서 헤드코치로 강의 및 코칭을 했으며, 경인방송에서 학부모를 대상으로 긍정훈육을 소개해 오고 있다. 연수원 및 학교 현장에서 교사 및 학생 연수를 통해 긍정훈육을 알리는 데 힘쓰고 있다.

이화영   경기 중등교사, PDC 퍼실리테이터, PD 에듀케이터, 마르스 중등 PDC연구회

긍정훈육을 중심으로 학급 운영, 학생 생활 지도, 부모 교육을 꾸준히 연구하고 실천하고 있다. 학생들과의 관계를 바탕으로 건강한 교실 문화를 만들어 가는 데 관심을 갖고 긍정훈육의 가치를 학교와 가정에서 자연스럽게 실천할 수 있도록 노력하고 있다. 중학생들의 특성과 현실적인 교실 상황을 고려해 교사와 학생, 그리고 부모가 함께 공감하며 실천할 수 있는 방법을 다양한 기회를 통해 나누고 있다.

정주화　　　　　　(전)경기 중등교사, (사)한국긍정훈육협회,

　　　　　　　　PDC·PD 에듀케이터, 마르스 중등PDC연구회

　33년간 중고등 교원으로 재직하면서 학교 교육의 소중한 가치를 실현코자 하였다. 특히 상황에 대한 존중과 해석의 연습, 즉 학급긍정훈육 방식 실천을 통해 그 효과를 실감하였다. 교단을 떠난 이후에도 긍정적인 성장과 변화는 관심과 인내 속에서 이루어진다는 믿음을 갖고 학급긍정훈육 전파에 주력하고 있다.

진은경　　『전통교육에 기초한 단비교육』(공저), (전)경기 중등수석교사,

　(사)한국긍정훈육협회, PDC·PD 에듀케이터, 마르스 중등 PDC연구회

　중등 교사로 재직할 때 바른 인성과 배려심을 가진 학생, 그리고 동시에 냉철한 판단을 할 줄 아는 학생들을 키워 내는 데 작은 도움이라도 될까 하여 학급긍정훈육 공부를 시작했다. 지금도 실천하고 있으며 교사로서뿐 아니라 한 개인의 성장에도 도움이 되었기에 감히 선생님들께 긍정훈육에 관심 가져 보시기를 추천한다.

최영희　　　　　　경기 중등교사, PDC·PD 에듀케이터,

　　　　　　　　　　마르스 중등 PDC연구회

　학급긍정훈육을 배우고 존중과 격려가 사람을 성장시킴을 알게 되었다. 동료 교사들과 학급긍정훈육 공부 모임을 하며 학생의 성장을 돕는 교사가 되기 위해 노력하고 있다.

"당신의 마음은 평범한 사람들보다 조금 더 특별합니다.
그건 당신이 교사이기 때문입니다."

참고 문헌

1. 게리 D. 맥케이 · 돈 딩크마이어, 『아들러의 감정수업』, 시목, 2023

2. 루돌프 드라이커스 · 비키 솔츠, 『민주적인 부모가 된다는 것』, 우듬지, 2012

3. 루돌프 드라이커스 · 버니스 브로니아 그룬발트 · 플로이 C. 페퍼, 『아들러와 함께하는 행복한 교실 만들기』, 학지사, 2017

4. 린 로트 · 바버라 멘덴홀, 『격려 수업』, 교육과실천, 2019

5. 린 로트 · 메릴린 캔츠 · 드루 웨스트, 『격려 수업 워크북』, 교육과실천, 2020

6. 제인 넬슨, 『내 맘대로 안 되는 아이 제대로 키우는 긍정의 훈육』, 프리미엄북스, 2010

7. 제인 넬슨 · 린 로트 · 스티븐 글렌, 『학급긍정훈육법. 친절하며 단호한 교사의 비법』, 에듀니티, 2014

8. 제인 넬슨 · 린 로트 · 스테판 그렌, 『우리 아이 인성교육을 위한 긍정훈육법』, 학지사, 2016

9. 제인 넬슨 · 린다 에스코바 · 케이트 오토라노 · 로즐린 더피 · 데버라 오언-소히키, 『친절하며 단호한 교사를 위한 학급긍정훈육법』〈문제해결편〉, 에듀니티, 2016

10. 제인 넬슨 · 크리스티나 빌 · 조이 마르체스, 『바쁜 부모를 위한 긍정의 훈육』, 에듀니티, 2020

11. 제인 넬슨 · 셰릴 어윈, 『현명한 부모는 넘치게 사랑하고 부족하게 키운다』, 더블북, 2021

12. 제인 넬슨, 『교사와 부모를 위한 긍정훈육』, 더블북, 2022

13. 테레사 라살라 · 조디 맥티비 · 수잔 스미사, 『학급긍정훈육법』〈활동편〉, 에듀니티, 2015

14. PD 코리아, 『학급긍정훈육법 실천편』, 교육과실천, 2018

학급긍정훈육법 중등 실천편

초판 1쇄 인쇄 2025년 2월 10일
초판 1쇄 발행 2025년 2월 21일

지은이 고영애, 김성옥, 김순희, 문용우, 신영인, 윤민경, 윤은희
　　　　 이영선, 이은정, 이은솔, 이화영, 정주화, 진은경, 최영희
펴낸이 하인숙

기획총괄 김현종
책임편집 이은숙
마케팅 최의범, 김미숙
디자인 표지 | 스튜디오 허브 **본문** | d.purple

펴낸곳 더블북
출판등록 2009년 4월 13일 제2022-000052호
주소 서울시 양천구 목동서로 77 현대월드타워 1713호
전화 02-2061-0765 팩스 02-2061-0766
블로그 https://blog.naver.com/doublebook
인스타그램 @doublebook_pub
포스트 post.naver.com/doublebook
페이스북 www.facebook.com/doublebook1
이메일 doublebook@naver.com

ⓒ 고영애 외, 2025
979-11-93153-57-4 (94370)
979-11-93153-53-6 (세트)